「一带一路」考古学研究译丛　王晓琨 主编

〔蒙古国〕
Д.策文道尔吉　Я.策仁达格瓦
Б.贡沁苏荣
Д.嘎日玛扎布

著

特日根巴彦尔
通格勒格
丹达尔

译

马颖

校

吉布胡楞特海尔罕山岩画

PETROGLYPHS OF JAVKHLANT KHAIRKHAN MOUNTAIN

社会科学文献出版社
SOCIAL SCIENCES ACADEMIC PRESS (CHINA)

《"一带一路"考古学研究译丛》

总序

呈现在读者面前的这套书，是中国人民大学科学研究基金项目"'一带一路'考古学研究译丛"的成果。"一带一路"是党中央提出发展与世界各国互惠互利的合作倡议，也是构建人类命运共同体的重要平台。为此，中国人民大学鼓励并资助"一带一路"历史文化研究，不仅是对学术发展的强有力推动，更具有重大的现实意义，它将为实践"一带一路"倡议提供必要的历史参考。

"一带一路"主要指从我国西北，经中亚直达欧洲的一条漫长的陆上及海上通道，这些通道自古就是重要的交通要道，沿线发现的大量古代文化遗产，是中西文化交流最直接的载体，是实现"一带一路"国家倡议的文化基石。因此，对"一带一路"沿线国家考古学的了解和研究，是中国考古学面临的重要任务之一。随着中国与"一带一路"沿线国家的政治、经济、文化等领域的全面合作，加强中国与沿线国家考古学科的交流合作，势在必行。把优秀的国外考古学著作，翻译引介给国内学术界，是这种交流合作最快捷、最有效的方式之一。

自古以来，广袤的蒙古草原就与中国历史有着紧密的联系。蒙古高原不仅是丝绸之路上重要的地理单元，更是游牧民族生息繁衍的大舞台，匈奴、鲜卑、柔然、蒙古等叱咤欧亚草原的北方人民都曾在这里留下了大量的活动遗迹，造就了绚丽多姿、丰富多彩的草原文化。基于此，我们的《"一带一路"考古学研究译丛》把翻译、介绍蒙古国的考古学著作作为肇始。

一

蒙古国地处世界最广大的草原——欧亚草原的核心地带，在人类起源、草原民族的形成及文化传播的舞台上扮演着极为重要的角色。其独特的地理环境和丰富的古迹文物，使得蒙古国一直是国际考古研究的热点区域。

从 1889 年俄罗斯学者 H. M. 雅德林策夫实地调查鄂尔浑河谷突厥文碑刻和哈拉和林废墟开始，蒙古国考古学已经走过了一百多年的历程。1941 年，蒙古国考古学的奠基人、著名考古学家 X. 普尔列在中央省阿布达尔乌拉山进行的发掘，是蒙古国学者首次独立开展的考古研究。1990 年以来，蒙古国考古更是取得了长足的进展，并已经成为世界考古学研究的一支重要力量。目前，蒙古国内从事考古工作的机构已有蒙古国国家科学院考古研究所、蒙古国国家博物馆、蒙古国立大学、成吉思汗大学、乌兰巴托大学和蒙古国科技大学等，除了职业考古工作者外，还有大量的学生和外国志愿者。据不完全统计，蒙古国每年有一百余项考古项目，其中配合基础建设（被动）的考古项目和主动性考古项目大体各占一半，且绝大多数的考古项目都是国际合作项目。俄罗斯、法国、日本、美国、中国等众多国外科研力量及资金的引进，使得大量的蒙古考古材料为世界所知，也涌现出了很多令人瞩目的科研成果。近年匈奴高勒毛都高等级墓葬、燕然山碑铭等重要考古发现，也引起了国际学术界的注意。

蒙古国地处欧亚草原中部，是重要的草原通道。中国与外部世界通过草原通道进行的人文互动与交流，远在张骞通西域以前的石器时代就客观存在。东西方远古居民通过这条草原路线进行的文化交流，代表了中西文化交流历史长河中连绵不断的文化浪潮。历史学家李学勤先生指出：公元前 8 世纪以前的中亚通道，交流的证据非常少。中西之间起重要作用的是草原文化，是通过北方的草原连接起来的。考古学家林沄先生认为：欧亚草原在中国历史上起过两个重大作用。一个是起了中国中原地区和西方交流的大通道作用，特别是在海路交通发达以前，起到了主要通道的作用；另一个是孕育出一批和大河流域农业居民完全不同的游牧民族。林沄先生的上述论断，在中国北方的很多考古发现中得到证实。

2001 年夏季，我参与发掘的内蒙古锡林郭勒金斯太洞穴遗址，出土了多件使用勒瓦娄瓦技术制作的石器，最新研究认为，这些石器属 4.7 万年前的欧洲莫斯特文化遗存，可能是尼安德特人沿着蒙古高原的草原通道携带到锡林郭勒的。植物考古研究证明，早在距今 9000 年的小河西文化时期，小米就沿着穿过蒙古的草原之路传到西方。同样是 9000 年前，外贝加尔湖地区的圜底罐，也通过蒙古高原传播到锡林郭勒、乌兰察布等地，形成独具特色的四麻沟、裕民等遗存。陶鬲是一种极具中国特色的三足炊器，在蒙古国和俄罗斯外贝加尔等地区都发现过多件花边陶鬲，那么，中华文明的向外传播，蒙古高原的草原之路也是主要的文化路线。类似的还有仰韶文化彩陶向北的传播等。上述的考古发现表明,远在石器时代的蒙古高原就已经成为中国和西方文化交流的重要通道。因此,对蒙古高原考古的了解与研究,在研究中华文明的形成、发展等方面都具有重要的学术意义。

二

史前之后的蒙古高原,进入游牧人时代。这里是游牧人的故乡,乘马的草原人"至如风,去如收电",那些"将树木连根拔起的风暴,却将鲜花的种子从一个花园传播到另一个花园"。游牧人流动性强,即便相隔遥远,东西之间的文化依然联系广泛。从公元前 300 年前后开始,经过多年的发展,在蒙古高原渐渐形成了庞大的匈奴联盟,并与强盛的秦汉王朝对峙了三百多年。在漫长的历史长河里,冒顿、阿提拉等匈奴雄主给中国乃至世界留下了太多的传奇,也使得它本身具有了世界历史研究的价值与意义。从目前的考古资料来看,匈奴时期墓葬散布在中国北方、蒙古国、俄罗斯的布里亚特共和国、外贝加尔地区和图瓦共和国等地区,但绝大多数在蒙古国境内,因此蒙古国匈奴墓葬材料历来为学界所重视。我们首批选译的《匈奴贵族墓葬研究》《匈奴平民墓葬》就是匈奴考古综合研究的代表性著作。

《匈奴贵族墓葬研究》的作者是蒙古国科学院考古研究所匈奴与古代史研究室主任 Ч. 尤如勒额尔顿教授。他自 2000 年参与蒙古国后杭爱省境内高勒毛都匈奴墓地的发掘以来,一直从事着有关匈奴贵族墓葬的发掘和研究工作。在匈奴贵族墓葬研究方面,以往都是针对某个匈奴墓地或墓葬进行独立研究,这部专著首次将蒙古国境内发现的 12 处匈奴贵族墓地、共计 2000 余座墓葬作为一个整体,进行了系统的综合研究。书中不仅对匈奴贵族墓葬的地理分布、地貌特征、墓葬形制、发掘情况、出土文物等做了全面梳理,还结合考古资料与汉文史料,对匈奴贵族墓葬和平民墓葬进行了比较研究与宏观论述。

《匈奴平民墓葬》的作者是蒙古国科学院考古研究所青铜时代至早期铁器时代研究室主任 Ц. 图尔巴特教授,他详细介绍蒙古国境内发现的7000 座中小型匈奴墓葬的考古发现与研究概况、墓葬的分布及墓葬结构、出土随葬品及殉牲、埋葬方式与丧葬习俗等方面的情况,并对平民墓所反映的匈奴历史文化与社会生活、匈奴人宗教信仰、思想观念等诸多方面进行了深入的阐述和探索。该书对了解蒙古国境内匈奴中小型墓葬的考古研究成果及匈奴历史文化等方面的研究具有很高的学术价值。

岩画是古代的一种重要文化遗存，并广泛分布于世界各大洲。中国是世界上岩画发现最多的国家之一。其中，阴山、锡林郭勒等地的岩画是中国北方岩画的重要组成部分，这也是我近年关注的一个学术热点。我和张文静等研究者先后出版了《阴山岩画研究》《锡林郭勒岩画》《中国北方人面像岩画》等著作，在研究的过程中，切实地感到更为广大的蒙古高原与中国北方岩画的紧密联系。在 2017 年 5 月 12 日举行的"锡林郭勒岩画学术研讨会"上，张建林、张亚莎等岩画学者就强烈建议我们借鉴蒙古国岩画相关研究成果，加快推进中国北方岩画研究。这次会议是我们启动"'一带一路'考古学研究译丛"项目的初衷与萌芽。以下两本书则是该译丛选择的关于此方面的代表作。

《吉布胡楞特海尔罕山岩画》由蒙古国科学院院士 Д. 策文道尔吉教授领衔所著。2001 年他们对南戈壁省的吉布胡楞特海尔罕山岩画进行了详细的调查，共发现 320 余组图像，包括人物形象、人面像、北山羊、鹿、盘羊、狼、狐狸、牛、马等图形。此外，该岩画点还有很多神秘的印记符号或天体图形类岩画。

《蒙古国戈壁地区岩画研究》的作者是蒙古国科学院考古研究所 H. 巴特宝力道教授。他以蒙古国中南部戈壁地区发现的大量岩画遗存为主要研究对象，对该地区岩画的地域分布、发现简史、内容题材、刻绘手法、艺术表现，以及岩画研究中最为棘手的年代断定问题等都进行了详细介绍。与此同时，作者还广泛比较蒙古国境内的阿尔泰山、杭爱山及中国的阴山、乌兰察布草原等岩画遗存，围绕该地区岩画艺术的发展与衰落、戈壁地区岩画分布区域的地貌特征、匈奴时期岩画的独特性等进行了专门的论述，对中国的北方岩画研究具有重要的参考意义。

三

首批之所以选译上述四本著作，与中国人民大学考古学科的特色和发展方向紧密相关。2004 年秋，时任内蒙古文物考古研究所副所长的魏坚被引进中国人民大学，开始组建考古学科。魏老师是一个具有北方民族血统且以北方民族考古见长的考古学家。高原上的严寒酷热，练就了他强壮的体格、果敢的毅力。创业维艰，奋斗乃成，凭借独到的学术眼光，他带领中国人民大学考古专业的师生们，经过10余年的打拼，学术声誉渐为学界所闻。在考古学科创立之初，魏老师就敏锐地意识到了北方民族考古研究的重要性，常云："不理解草原文明，就无法理解中国历史。"因此，他创建中国人民大学北方民族考古研究所，开启跟外界沟通的桥梁。他创办的《北方民族考古》学术辑刊，已经连续出版10期，学术影响逐渐扩大。在制定了以北方民族为主要特色的学科发展方向后，我们还组织了多次有影响力的国际学术研讨会，中国北方、欧亚文明、丝绸之路、草原文化等都是我们与外界交流的主题。通过考察互访、派出和吸收国外研究生等多种形式的文化互动，我们与蒙古国、俄罗斯、韩国、日本、美国等国家建立了密切的学术联系。特别是与近邻蒙古国学术界有广泛接触，结识了许多蒙古国高水平的考古学者，合作的时机渐渐成熟。

"它山之石，可以攻玉"，为了更好地了解蒙古国考古的现状，2017年7月17~21日，我和魏坚老师等5位学者对蒙古国进行了实地考察。《"一带一路"考古学研究译丛》的启动，也直接缘起于这次考察。

此次考察，我们参观了3处考古工地（高则高尔、乌兰胡硕以及和日门塔拉）、1处岩画点（布嘎图）、1处墓葬区（夏勒干特匈奴墓地）、3座古城址（哈拉布哈巴拉嘎孙古城、青陶勒盖古城和塔拉乌兰赫日木古城）、2座博物馆（国家博物馆和鄂尔浑省博物馆）。在5天的时间里，我们行程3000余公里，拜访了奥德巴特尔教授、Ц.图尔巴特教授等新老朋友，拜会了蒙古国历史与考古研究所朝鲁所长。考察途中，令我印象最深刻的是7月19日晚上我们与蒙古国、法国等考古队员们在乌兰胡硕工地共进晚餐的场景，蒙古国牛奶酒、俄罗斯伏特加、中国二锅头、法国葡萄酒，轮番上场，各国考古学者欢聚一堂，在觥筹交错与草原歌声中，宾主们畅所欲言。畅谈的话题涉及很多方面，其中，既谈到了合作，也谈到了翻译出版，目的都是加强对各自研究成果的深入了解，以推进考古研究进展。从蒙古国考察回来的两个月后，在"第三届中国人民大学考古学国际学术研讨会"上，我和Ц.图尔巴特等蒙古国学者最终商定了翻译出版的具体事宜。

四

从启动至今，我们的翻译出版工作进展顺利，这得益于蒙古国诸位作者积极配合，他们不仅提供翻译书稿，还提供很多精美的图片和线图，为我们的译文增色不少；还得益于我们有一批优秀的蒙汉文兼通的中青年学者。特日根巴彦尔是主要译者，也是译文小组的主要协调者，供职于内蒙古博物院，除完成日常繁重的业务工作外，还在蒙古国攻读博士学位。此次翻译联络协调等工作，特日根巴彦尔出力最多，他的学术以车辆岩画研究见长。萨仁毕力格，另一位主要译者，现就职于内蒙古博物院，主要从事蒙古国青铜时代至早期铁器时代考古、匈奴与鲜卑考古研究，现在吉林大学攻读博士学位。特尔巴依尔，中国人民大学考古学博士研究生，现在俄罗斯联邦科学院物质文化史研究所留学，专业方向为中亚及欧亚草原史前考古。参加翻译、校对工作的还有通格勒格、丹达尔、董萨日娜、马颖等青年学者；吉林大学的博士研究生、来自蒙古国的索多诺姆扎木苏也参加了部分翻译工作。以上诸位翻译人员，都是年富力强的青年学者，有强烈的事业心，对待翻译工作一丝不苟，保证了我们译文的质量。社会科学文献出版社的王玉敏编辑，对我们的翻译工作给与了极大的耐心与信任，这也是我们工作顺利开展的保证。

文明因交流而多彩，文明因互鉴而丰富。韶光荏苒，日月穿梭。当年的古老村落已经变成了国，雄浑壮丽的长城也变成了诗。农耕与游牧民族的血共同流进了我们的血管，比血管更古老的河流，依旧流淌在比国家更古老的土地上。

中蒙两国唇齿相依，山水相连。文明的交流互鉴是推动人类进步、世界和平发展的重要动力。文明的互动更离不开守望相助、同舟共济。2020年年初，面对突如其来的新冠肺炎疫情，蒙古国第一时间给与我们援助，作为援助物资的 3 万只羊成为中蒙两国友谊的佳话。我们组织的本次翻译工作，既对北方民族的考古学研究起到极大的推动作用，也是中蒙学术友谊的见证。《"一带一路"考古学研究译丛》的翻译出版不仅有利于中蒙双方文化资源整合，相互借鉴，取长补短，同时也使更多优秀学者聚集在中国人民大学考古学科周围，为中国人民大学的"世界一流大学（学科）"建设做出积极的贡献。

王晓琨

2020 年 6 月 18 日于北京

目　　录

前　　言

　　早在 85 万年以前，蒙古国境内就有人类生存，是世界上有早期人类活动的重要地区之一。过去的一百多年中，在蒙古国境内进行的考古调查、发掘、研究工作充分证明了蒙古国具有丰富的早期与中世纪时期的考古文化遗存。

　　蒙古国境内的岩画艺术资源非常丰富。岩画艺术是蒙古国境内古代先民们遗留下来的最为丰富的文化遗产之一。与此同时，岩画艺术也是具有极高学术研究价值的精神文化遗产之一。

　　蒙古国国内及其他一些国家的诸多学者普遍认为，蒙古国是"世界早期人类艺术发祥地之一"。蒙古国境内发现的辉特曾赫尔洞穴彩绘岩画、伊希根陶勒盖岩画、琴达门哈热乌珠日岩画、哈达乌珠日岩画、阿尔善哈达岩画的创造年代应与欧洲的法国、西班牙、葡萄牙、意大利及世界上其他地区发现的著名的早期岩画作品类似，均为旧石器时代岩画艺术的代表。不过，迄今为止蒙古国境内所发现的 200 余处岩画遗存①中的大部分属于青铜器时代或早期铁器时代。

　　1995～2000 年，蒙古国、俄罗斯和美国等三国学者在蒙古国西部巴彦乌列盖省境内的查干萨拉河和巴嘎畏吾儿河流域的 9 个地区发现并报道了近一万组大型岩画遗存的相关材料。该岩画遗存堪称世界岩画艺术的重大发现。

　　1998 年，蒙古国地质学家 Д. 嘎日玛扎布将他在南戈壁省汗包格

---

　　① 该数据为 2000 年初的统计数据。根据蒙古国国家文化遗产中心的最新统计数据，迄今为止蒙古国境内已发现的岩画遗存约有 1000 余处，而且这个数字每年还在不断地增加。——译者注

德县境内的奥尤陶勒盖山及其周边地区发现的一些采集品交给了我们，其中包括一些旧石器时代的石器和青铜时代开采铜矿时使用的石槌、捣杵等石质工具等。这些石器是研究该地区古代生产历史的重要资料，我们对其进行了详细的研究并发表了相关文章。[1]也就是从那时起，南戈壁省汗包格德县境内的奥尤陶勒盖地区开始引起了蒙古国考古界的广泛关注。

2001年，д. 嘎日玛扎布又向蒙古国科学院考古所报告，在位于南戈壁省汗包格德县境内的艾芬豪矿业公司大型铜矿开采区疑似有古代历史文化遗存。考古所得到汇报后，很快就与该矿业公司的副总裁——约翰·范德·布肯进行洽谈。通过交涉，我们对该铜矿地区的考古文化遗存进行了系统的考察。2002年，我们对矿区内发现的青铜时代采矿遗址进行了发掘研究。这也是在蒙古国境内第一次对铜矿遗址进行的考古发掘研究。

奥尤陶勒盖山西南约17公里的地方有一座名为"吉布胡楞特海尔罕"的山。д. 嘎日玛扎布带着我们登上了那座小山，将他所发现的岩画一一指给我们看。从该山的自然地貌情况来看，吉布胡楞特海尔罕山与蒙古国戈壁地区常见的山头并无两样，只是比附近的山头略高一些。该山头的南面是平坦的草原，北面环绕着沙石河床，西面有相连的两座小山脉，山石、草色、地貌较为特别。正因如此，当地牧民在这一带的诸多山中唯独将该山头视作"圣山"，尊称为"海尔罕"①。

吉布胡楞特海尔罕山在当地牧人心目中是"圣山"，一方面应该与山顶上的祭祀敖包有关，而另一方面或许与圣山顶部镌刻在岩石上的古代岩画遗存有一定的关系。据统计，山顶部的岩石上刻绘有人、动物等内容的岩画遗存有200余幅。

从吉布胡楞特海尔罕山岩画的构图方式来看，每幅岩画中的图像从单个图像到多个图像，甚至几十个图像构成一幅画面。构图内容不尽相同，各有特色。2002年夏天，我们在奥尤陶勒盖地区调查与考古发掘研究时，对吉布胡楞特海尔罕山岩画进行了系统的拍照、临摹等工作。吉布胡楞特海尔罕山上的岩石经过数千年的风吹日晒，已变成非常光亮的棕褐色岩

---

① "吉布胡楞特"，蒙古语意为"有气势的""雄伟的"；"海尔罕"，蒙古语意为"山""圣山"。——译者注

面。因为石质坚硬，岩画的刻痕已变得非常浅。

　　吉布胡楞特海尔罕山上的大多数岩画集中在山的顶部。我们在进行系统调查时，从该山的东面开始进行统计编号、记录、拍照、临摹等工作。

　　通过对吉布胡楞特海尔罕山岩画系统地专项调查研究，我们认识到该岩画与之前调查过的岩画遗存有很多不同之处，某些刻绘内容也独具特色，是极其少见的珍贵历史文化遗存。

　　该岩画的刻绘内容以人形图像、人面像（面具）、太阳形图像、印记符号等为主，而在蒙古国境内其他地区岩画中经常出现的各种野生动物、狩猎场面、畜群、马、骆驼、马车、骑牛或骑乘，役使其他动物的场面以及战争场面等在这里却尤为少见。由此推断，吉布胡楞特海尔罕山岩画可能与当时先民们的习俗、崇拜、原始信仰有着更为密切的关系。从吉布胡楞特海尔罕山岩画中将人、动物、太阳及其他一些图形都用极其简略的轮廓表现的形式推断，该岩画的年代可能属于从石器时代到青铜时代的过渡时期，即铜石并用时代。

　　铜石并用时代不仅在蒙古国境内，在世界各地的历史上也是一样，延续的时间很短，所涉及的遗存自然也是少有发现。所以，在某种意义上讲吉布胡楞特海尔罕山岩画遗存的学术研究价值很高。它是研究世界铜石并用时代人类思维发展模式的珍贵资料。例如，在该岩画中出现了一幅表现吉布胡楞特海尔罕山一带三座连绵山峦的俯视图像，由此可以推断，在新石器时代该地区已出现了"古代地图"的岩刻画面。

　　我们认为在介绍吉布胡楞特海尔罕山岩画之前，有必要对该山及周边地区的地质构造有一定的了解。吉布胡楞特海尔罕山的山系为东南—西北走向，山系地处牙马图乌拉山和赫楚乌兰地质断带大峡谷中间的盆地地带。地质学家们将该山系归入泥盆纪中晚期形成的查干苏布尔嘎地质结构的组成部分。其间又分为三个地质岩相，分别为：第一相位：辉长二长岩、二长闪长岩、花岗闪长岩、石英闪长岩、闪长岩；第二相位：石英正长岩、黑云母正长岩、花岗正长岩；第三相位：淡色花岗岩、黑云母花岗岩、细晶岩与伟晶岩状的花岗岩、花斑岩（花岗斑岩）等岩石组成。

　　虽然，吉布胡楞特海尔罕山一带主要以第二和第三相位的岩石为主，但是在该地区的吉勒图郭勒河河谷西岸却发现有两处第一相位的岩石痕迹。总体而言，岩石以普通花岗岩、花岗闪长岩为主，同时，另与泥盆纪晚期的额很郭勒河河谷沉积叠压的熔岩岩层相连。

　　吉布胡楞特山系以上述泥盆纪晚期的额很郭勒河河谷沉积叠压的安山岩构造裂缝为界，西面和西北面则以由石炭纪中晚期碰撞层而形成的外溢熔岩层构成，并由熔岩层上面覆盖的新生代第四纪沉积岩层为界。岩石的岩脉清晰构造主要以向西、西北走向并延伸的微闪长岩为主，同时伴有流纹岩、斑岩、石英岩等形成。此外，从多处发现的几种铜的形态及铜化矿等迹象分析，该山系与周边地区的地质构造有所不同。

　　第一相位：从该阶段花岗岩质的石化成分分析结果来看，除了岩石成分基本变为钠亚型以外，岩石中的有色矿物成分明显比第二阶段和第三阶段岩石中的含量要高；硅的含量也相对较高，为 62.3% ~ 65.8%；碱质总量呈现中等指标，属花岗岩类岩石中的花岗闪长岩种属。

　　为确定该阶段花岗岩质的地质化学性质，我们提取了 6 例地质化学实验样品进行分析，对克拉克含量平均值[1]做了详细比对。结果表明，钛的含量高出克拉克值 6.5 倍，钴和铜的含量高出克拉克值 1.5 倍，钒、钼等与克拉克值接近的元素的含量却较低于克拉克值。为了进一步确定该花岗岩质中附属矿物质的性质，提取 3 例岩石粉末样品做岩石性质分析，发现其中不仅含有少量磁铁矿、钛铁矿、榍石、锆石等成分，还有微量的石榴石、独居石、磷灰石、黄铁矿等矿物成分。

　　第二相位：由该阶段岩石的石化成分分析，得出结论是，所有岩石的成分从钠与钾元素的比例上看，更多的呈现出钾元素的性质，有色矿物质成分居高，并含有一定量的碱性铝和较高的硅质成分。该阶段的总体碱性物质的含量要稍高于第一阶段的岩石构成，处于花岗岩与花岗闪长岩之间的状态。

　　为确定该阶段岩石的地质化学性质，我们特意提取了 16 例地质化学实验样品做分析，并将其与克拉克含量平均值进行比对。其结果为钛含量高出克拉克值 4.5 倍，钴、钼及与克拉克值类似的成分含量较低。为了对其他附属矿物质的性质有所了解，又提取 3 例岩石粉末样品做了矿物性质分析，其结果为含有少量的磁铁矿、锆石、磷灰石、独居石、石榴石、榍石、金红石、白钛石、黄铁矿、孔雀石、方铅矿等矿物成分。

　　第三相位：该阶段的岩石为淡色细晶状花岗岩，该类花岗岩的岩石化

---

　　[1]　克拉克值指地壳内各化学元素的平均含量。——译者注

学成分具有较高的碱性特质。冰脉岩石裂痕较多，并从伴有多处铜矿石聚集点等情况来看，当时此处受地区性地质活动的影响较大。

为了确定该花岗岩石的地质化学性质，我们提取了一些实验样品进行分析。其结果为钛的含量为克拉克值的 3.4 ~ 5.0 倍，钴为克拉克值的 1.0 ~ 1.4 倍，银为克拉克值的 1.2 ~ 1.8 倍，锶为克拉克值的 2.0 倍，锆石为克拉克值的 3.0 ~ 4.0 倍，高于克拉克值数倍以上，钴、钼、锡的含量与克拉克值相近，其他成分含量较低。为确定其附属矿物质的类别，再次提取 8 例岩石粉末样品做了分析，发现含少量磁铁矿、榍石、石榴石、钍、钛铁矿等矿物成分。

通过对吉布胡楞特海尔罕山整体板块花岗岩山系的岩石做化学成分分析，最终得出以下结论。

为了解额很郭勒河河谷地带泥盆纪晚期阶段的岩石化学成分，共提取 11 例样品做成分分析。其分析结果为，安山岩较高碱性的基本性质占主导地位。

由额很郭勒河河谷地区岩石样本的石化成分分析结果来看，所有化学成分的含量皆低于克拉克值。此外，将安山岩与有安山岩成分的凝灰熔岩进行比较，会发现凝灰熔岩中的铬、铜（红铜）、铅、锌、镍、钛、锰等成分的含量低于安山岩。

该地区岩石矿物成分的分析结果显示，其含有少量的钛铁矿、锆石、石榴石、绿帘石、闪石、榍石、锌、金红石、电气石、方铅矿、重晶石，另外，磁铁矿含量为 2 克/吨 ~ 40 克/吨。

在此，我们对构成该山系的深层岩石及其中熔岩的石化成分，尤其是对其地质化学成分作详细的介绍，并着重介绍这些地质特质，对相关学者而言有其深远的意义。如果我们对该问题继续进行深入研究，对含有铜矿石成分地区的古矿眼（即青铜时代的古矿井）进行系统调查，还有可能会发现从铜石并用时代至青铜时代的矿井痕迹。例如，发现锡、绿柱石、铝、硅等各种青铜器制作过程中需要的矿物成分。而了解这些矿物成分，有助于探寻当时人们发现和利用这些矿石的蛛丝马迹。正如前面我们提到的，吉布胡楞特海尔罕山上的古代岩画遗存主要集中在该山系板块中心的山顶地带。该山顶部由斑岩和玄武岩质岩石构成的马鬃式岩脉呈东南至西北走向。在西北向被冰脉岩石横切的花岗岩质岩石主要分布区域内呈现向北和向东典型的冰脉岩石，证明该区域是受到板块冲击的主要区域之一。说到这里，我相信不论是普通读者，抑或是专业研究人员，如果将吉布胡楞特海尔罕山的地貌与其航拍图或卫星图进行对比，就能对该地区的地质构造及地貌特征有一定的认识。吉布胡楞特海尔罕山脉自东南向西北相连，分为三块儿连续的小山，并结合一处庞大的玄武冰脉岩石，特别是吉布胡楞特海尔罕山的主山更像火山口一样。吉布胡楞特海尔罕山岩画中的一幅图如同图纸一般清晰地展现了该地区的地貌特征。

吉布胡楞特海尔罕山是一座有着悠久的敖包祭祀传统的圣山。此山顶部较为平坦，在其中间部位有两个地表痕迹不甚明显的凹陷处，有点像赫列克苏尔遗存，还有后人用黑色岩石垒起的大敖包。敖包的前面，山南坡有一处赫列克苏尔遗存。由此看来，在古代这里很可能是某个大型祭祀活动场所的附属地区。在吉布胡楞特海尔罕山以北 1 公里处，及西北 1.6 公里和 2.5 公里处均发现了冶铜遗迹。并且，在西北较远 9 公里处还发现了青铜时代的采铜矿井遗迹、冶铜遗迹及部分石器制品等。这些发现进一步证实了我们的上述推测是有据可依的。

有意思的是吉布胡楞特海尔罕山附近的冶铜遗存周围并没有发现铜矿石，当初很可能是从其他地方获取的铜矿石，也不排除是从 20 公里以外的奥尤陶勒盖山运回矿石进行的冶炼。后来，我们在奥尤陶勒盖山一带发现冶炼矿石时使用的浇铸勺进一步印证了上述推测。

但是，现在还有一个需要思考的问题就是，在熔炼铜矿石时为何要选取黑色矿物质较少的红褐色细纹花岗岩。我们在夹杂于花岗岩之中的细晶岩质花岗岩、石英斑岩质花岗岩的岩脉附近发现了将那些岩脉上的岩石材料制成直径为 3~5 厘米的球体物作为围栏的情况。这一现象引起了我们极大的好奇心。因为，之前提到过的制作青铜器成分中的锡、铍、铝、硅可能主要来源于这里的细晶岩和石英斑岩质的花岗岩岩脉。学界通常将青铜器分为铜锡合金（含 8% 锡的青铜）、少锡青铜（含 4% 锡）、铝（不含锡），以及铍青铜、硅青铜等几种类型。所以，随着工作的深入，对该山中的这些岩质成分做进一步研究，是必不可少的。

最后，对发现和报告了蒙古国南部地区的重要岩画遗存——吉布胡楞特海尔罕山岩画的相关人员，对考察研究及印刷出版工作给予大力支持的艾芬豪矿业公司总裁罗伯特·马丁·费里德兰德，副总裁查尔斯·福斯特、保罗·切尔、约翰·范德·布肯，以及项目负责人 Ж. 米拉高里塔等表示衷心的感谢。此外，还要特别感谢艾芬豪矿业公司的首席地质学家 T. 孟和巴特先生。他不仅与我们一同进行了岩画的野外调查记录工作，且参与了本书初稿的校对工作。另外，还要代表本书的全体作者感谢与我们合作完成吉布胡楞特海尔罕山岩画的现场临摹及后期的绘图、修图等一系列工作的蒙古国科学院考古所工作人员 Д. 巴扎尔古日、Н. 巴特宝力道、Ц. 宝力尔巴图、Ж. 钢图拉嘎等，并预祝他们在科研工作方面取得更大的成就。

　　最后，恳请各位读者对此书提出宝贵意见。

第一章　蒙古国岩画研究概况

　　蒙古国是世界上岩画遗存极为丰富的国家之一。蒙古国境内发现了各个历史时期大量的岩画遗存，这些岩画遗存构成了各时期当地先民们物质文化与精神文化的载体。这有可能与该国境内岩画产生于早期原始部落氏族社会时期，并有着数千年的文化传统有着一定的关系。另外，岩画能够在该地区世代相传与岩画得以保存的自然地理环境存在着必然的联系。

　　根据之前在蒙古国境内进行的考古调查研究，已发现的岩画遗存有200 余处，且这个数字还在逐年攀升。据当时俄国地理学会探险队领队H. M. 雅德林策夫发表的考察笔记，1889 年的某个夏日，一队沿着鄂尔浑河河谷骑马前行的少年将位于柴达木湖畔一个叫和硕柴达木地方的古代突厥汗国毗伽可汗为其亡弟阙特勤将军立有功德碑的两处遗址指给了他们。但遗憾的是 H. M. 雅德林策夫在该笔记中并未提及这些少年的姓名。[2] 在刻有两种文字的阙特勤功德碑上刻划有北山羊的图形。因此，后来的学者们往往将刻绘有与阙特勤碑北山羊图形相似的北山羊岩画的时代划归为突厥时代。1891 年，俄罗斯科学院派遣了一支以 B. B. 拉德洛夫为首的考察队远赴鄂尔浑河流域进行调查研究。考察队的主要任务是调查鄂尔浑河流域的鲁尼文石刻遗存。但据其发表的资料看，他们对考察途中所遇到的其他文化遗存也做了一定的记录和发表。资料中记载，该考察队成员 H. M. 雅德林策夫在从土拉河河谷到额尔德尼召的途中，在乌兰哈达地方（今蒙古国中央省布伦县毕其格图乌兰哈达地方）发现了刻划在岩石上的许多印记符号，包括北山羊形象等。考察记录的原文为："……在一整块岩石上刻有谜一样的符号。多数符号类似于印记和氏族符号。在一处符号中有个动物图形可能是岩羊形象。"[3]

　　1892 年，鄂尔浑河流域考察队在俄文版《蒙古古物图集》中发表了

《哈内河动物岩画》《乌兰哈达动物及不明符号岩画》两篇文章及几幅岩画的临摹图。[4]

1925 年，考察队成员 Г. И. 博罗夫卡对土拉河中游地区的文化遗存进行考古调查研究，在当今中央省温都尔希雷特县境内的伊赫阿拉格山（当时记录为伊勒阿雷克）与都尔伯勒斤山发现了三处岩画遗存。[5]Г. И. 博罗夫卡在发表该地及乌兰哈达岩画少量图片的同时，并将其产生年代划分为斯基泰西伯利亚时期（即铁器时代）和突厥时期。这是有关蒙古国岩画断代问题的初次尝试。

1948～1949 年，С. В. 吉谢列夫、X. 普尔列等率领的历史与民族学考察队的 К. В. 维娅特金娜和蒙古国科学院工作人员 Г. 巴加耶娃等率领的民族学分队成员在前杭爱省呼吉尔特县境内，距离逊哈来山约 0.5 公里的特很格日地方发现了 6 幅刻绘有北山羊形象的岩画遗存。[6]与此同时，由历史与民族学考察队的 А. П. 奥克拉德尼科夫和蒙古国科学院秘书长吉尔嘎拉赛汗率领的旧石器时代考古分队在前杭爱省博格德县（当时的"科布多县"）境内的特伯希山也发现了刻有北山羊、蛇、人等形象的大型岩画遗存。[7]在位于乌兰巴托市东北 30 公里处的嘎楚日图阿姆地方发现了用红色颜料涂绘的简约式人形以及马、鸟等的赭绘岩画遗存。20 世纪 50 年代初，蒙古国科学院工作人员有序地开展了大量的岩画调查研究工作。1952 年，蒙古国地质学家 О. 纳姆南道尔吉在科布多省曼汗县境内的辉特曾赫尔洞穴深处发现了洞穴彩绘岩画，并初步推断其年代可能为新石器时代。[8]1953 年，他发表了在布尔干省达辛其楞县境内罕给戴哈达岩石上刻绘的岩画，及部分北山羊形象的临摹图。[9][10]

1955 年，蒙古国考古学家 Ц. 道尔吉苏荣在戈壁阿尔泰省纳兰县与车勒县交界处的查干河沿岸地区发现了刻有印记符号、手持长矛头戴面具的人，骑马或骑牛的人，以及房屋、车辆、动物等内容的近 300 幅岩画。他将其产生年代推断为青铜时代（公元前 7～前 5 世纪）和突厥时期（6～8 世纪）两个不同的时期。[11]他试图通过对查干河岩画的研究，复原当时制作岩画人群的社会与经济生活形态。在当时，他的尝试要比其他学者进步很多。此外，Ц. 道尔吉苏荣还在乌布苏省达布斯特县哈珠根乌拉山上发现了一些岩画遗存。[12]

1956 年，Н. 色尔奥德扎布简要报道了他在蒙古国西部几个省份进行考古调查时发现的几处岩画遗存，但遗憾的是没有附岩画所在地理位置、图片或手绘图等。因此，这些岩画遗存至今仍未被学者们所公认。[13]同年，他又陆续发现了几批岩画遗存，在后杭爱省温都尔桑图县的策策格图音阿姆地方发现了鹿、驯鹿、野猪、北山羊、符号、人形等岩画；在科布多省达尔维县境内，巴彦温都尔山北麓的毕其格图哈达山上发现了北山羊、动物、战斗的人等图像，以及骑马的女人、佩带弓箭的人等形象的岩画；在前杭爱省德勒格雷赫县的伊赫朝尔海洞穴及乌彦嘎县的肖荣根乌兰哈达等地方发现了竖线条、符号等红色颜料制作的赭绘岩画。[14]1957 年，H. 色尔奥德扎布在巴彦乌列盖省维吾尔县的呼和霍特林—陶斯特沃特格地方发现了公牛、鹿、北山羊等动物岩画，以及表现狩猎内容的岩画；在乌布苏省西图伦县境内百岔河流域的布嘎腾阿姆等地方高耸的山岩上发现了刻绘有野猪、北山羊、鹿等动物岩画遗存。[15]

1960 年，X. 普尔列对后杭爱省伊赫塔米尔县泰哈尔朝鲁立岩上的赭绘岩画及墨绘摩崖文字做了详细的调查研究，将部分岩画与摩崖石刻整理成集，并进行了学术报道。[16]同时，А. П. 奥克拉德尼科夫和 Д. 道尔吉等在中戈壁省乌力吉图县的塔格图、中央省塔里亚特县的查干朝鲁、乌兰巴托市郊的伊赫腾格里阿姆等地发现了岩画遗存。[17]А. Ц. 奥克拉德尼科夫这样描述了乌力吉图县境内的岩画："虽为原始社会画家……在表现马的时候形象生动地绘制了其头部和四条短腿。同时，在马的旁边还细致入微地刻绘出了其他一些动物的生动图像……"，[18]并发表了相关图片。他在叙述有关伊赫腾格里阿姆岩画内涵时这样叙述道："……内部有很多圆点的方形围栏、作为灵魂守护者的手臂相连排成一排的人形、将轮廓风格化表现的动物形象，以及在所有岩画的上方都有两对展翅翱翔的猛禽（肉食鸟）形象。"更为有趣的是，岩画画面上还有用古老的回鹘体蒙古文字墨绘的（竖写）摩崖文字。"在红色赭绘岩画的旁边墨绘的身穿蒙古袍的妇女形象……其旁边还墨绘有小的鹿形象"。[19]

А. П. 奥克拉德尼科夫将这幅岩画的内涵与《蒙古秘史》中蒙古贵族孛儿只斤氏的起源传说相联，甚至与在蒙古人起源传说中出现的豁埃马兰勒（惨白色的鹿）联系起来进行阐释。[20]

1960 年，Ц. 道尔基苏荣和 Ц. 高绰等在库苏古尔省境内的陶勒吉根包姆地方发现了里面有圆点的方形围栏、雕（鹰）、人等图形的红色赭绘岩画。[21]

1962 年，Д. 道尔吉发表了关于蒙古国岩画分类问题的综述性简文。[22]

1963 年，Ц. 道尔吉苏荣、B. B. 沃耳科夫等在科布多省曼汗县境内的宝日额布德格、巴嘎巴外等地发现了少量的北山羊、鹿、骆驼等动物及狩猎题材岩画；[23]A. Π. 奥克拉德尼科夫、Д. 道尔吉等对前杭爱省博格德县境内的特伯希山进行了再次的调查研究；[24]X. 普尔列、И. 伊斯勒等对肯特省巴特希雷特县境内的阿尔善哈达岩石上刻绘的印记符号图形及其他岩画遗存进行了调查研究。[25]

1964 年，H. 色尔奥德扎布、Д. 道尔吉等人在布尔干省布嘎特县境内的毕其格图哈达山上发现了赭绘岩画。[26]

1965 年，Д. 额热格登达瓦嘎对其在科布多省境内发现的部分岩画做了报道；[27]A. Π. 奥克拉德尼科夫所带领的石器时代遗存调查队在科布多省布彦特县琴达门哈热乌珠日地方发现了大型岩画遗存，[28]同时对辉特曾赫尔洞穴岩画进行了进一步的研究。[29]

1973 年，语言学家 Ц. 沙格德尔苏荣在中央省温都尔希雷特县境内的乌音根乌珠日地方发现了刻绘有北山羊、车辆、鹿、马、人等图形的岩画遗存 300 余幅。并对车辆岩画进行了着重介绍。[30]

1968 年，蒙古国科学院院士 Б. 仁钦出版了专著《蒙古国境内的岩刻碑铭遗存》。该著作不仅报道了石刻碑铭，还对布尔干省达辛其楞县境内的罕给戴哈达、阿斯楞腾—沃布勒杰，以及前杭爱省的布嘎苏嘎图等岩画遗存做了报道。[31]同年，青铜与早期铁器时代考察队对科布多省乌音其县与阿尔泰县交界处的牙曼乌苏岩画，以及科布多市郊的海尔罕山岩画遗存做了报道。这两处岩画最早是由科布多省剧院的画家阿木古楞发现的。[32]据 H. 色尔奥德扎布报道，1967 年在乌布苏省的那兰布拉格、塔里亚朗、乌列盖县境内发现了岩画，[33][34]1969 年在巴彦乌列盖省布嘎特县境内的猛都希等地方也发现了岩画遗存。1969 年，M. 希尼夫、Э. A. 诺夫戈罗多娃、B. B. 沃耳科夫等在中戈壁省的巴戈嘎扎仁朝鲁、查干艾日格，乌力吉图县境内的德勒乌拉，南戈壁省诺彦县境内的扎布斯尔乌拉、阿日布吉呼等地方发现了较多的岩画遗存。[35]1970 年，M. 希尼夫、Э. A. 诺夫戈罗多娃、B. B. 沃耳科夫等在戈壁阿尔泰省毕格尔县境内的哈日艾日根—毕其格图陶勒盖等地方发现了刻绘有北山羊、骆驼以及骑马的人、持弓围猎北山羊的人群等内容的岩画。[36]

1971 年，蒙苏历史文化考察队早期游牧民族遗存研究组成员 Ц. 道尔吉苏荣对前杭爱省巴图乌力吉图县境内鄂尔浑河河谷内刻绘在玄武岩上的岩画遗存，及特门呼珠因阿姆地方石板墓石板上的赭绘图像进行了研究。[37]

1972 年、1973 年，蒙苏历史文化联合考察队铭文研究组在中央省珠恩茂都地方、蒙古阿尔泰山脉西部地区的毕其格图阿姆地方，[38] 以及巴彦洪格尔省和科布多省境内都发现了不少新的岩画遗存。[39] 当时，M. 希尼夫认为在这里首次发现的披戴全副盔甲、手持长矛的骑士岩画年代为柔然时期。[40]

1973 年，Д. 道尔吉发表了关于蒙古国岩画断代问题的文章。[41]

1975 年，Д. 道尔吉和 Э. A. 诺夫戈罗多娃在出版《蒙古国岩画》（俄文版）一书时，编写了蒙古国岩画研究概况，进一步对他们及其他学者所发现的岩画做了详细介绍。另外值得一提的是，该书对蒙古国境内发现的岩画遗存进行了初步的断代，当时的具体划分如下。

（1）石器时代，包括辉特曾赫尔洞穴、阿尔善哈达、琴达门哈热乌珠日、特门呼珠因阿姆、巴戈嘎扎仁朝鲁等岩画遗存。

（2）青铜器时代（公元前 15 世纪至公元前 12 世纪）和早期铁器时代，包括牙曼乌苏、阿日布吉呼岩画点、特门朝伦阿姆、巴彦乌列盖、伊赫腾格里阿姆、嘎楚日图阿姆、毕其格图哈达、陶勒吉根包姆等地点的岩画遗存。

（3）匈奴时期（公元前 1 世纪至 1、2 世纪），包括牙曼乌苏岩画上以侧视方式表现的马车及其他印记符号图像等。

（4）突厥时期（6 世纪至 8 世纪），包括类似于阙特勤功德碑上山羊图像，毛哈尔岩画、伊赫阿斯嘎图岩画及额尔德尼布伦县境内的部分岩画遗存。

（5）黠戛斯时期（9 世纪末），包括东戈省境内发现的骑士岩画。

（6）蒙古帝国时期（13~14 世纪），包括伊赫腾格里阿姆岩画中的墨绘岩画部分。[42]

1976 年，X. 普尔列发表了当时学术界极具新意的一部大篇幅的基础性论著——《从印记符号追溯蒙古人的族源问题》。[43] 在该著作中，X. 普尔列先生将蒙古国境内岩画遗存、考古发掘出土文物上出现的古代印记符号与亚欧非及美洲地区民间流传的同类印记符号进行了比较研究。1975 年，A. П. 奥克拉德尼科夫院士与 Д. 策文道尔吉带领的蒙苏历史文化联合考察队旧石器时代文化遗存考察分队在布尔干省鄂尔浑县境内的鄂尔浑河沿岸地区及巴荣毛盖地方，库苏古尔省布伦陶格陶赫县境内的沁贡扎布因茂纳地方，车车尔勒格县境内的呼和丁敖包和茂都太陶勒盖地方，乌布苏省宗杭爱县境内的珠然乌兰哈达地方均发现了赭绘和刻绘的岩画遗存。[44]他们在发表新发现的红色赭绘岩画相关信息时，认为从艺术表现手法和文化内涵两方面，可以将蒙古国境内发现的这些赭绘岩画遗存分为两个基本类型：第一类为诸如珠热乌兰哈达岩画中出现的许多"X"形符号、竖线、人等图像；第二类为诸如伊赫腾格里阿姆、巴荣毛盖等地岩画中出现的内外有圆点的方形和圆形围栏、并排的连臂人形，以及鸟、道路、马等图像。在时代方面两者均为新石器时代。[45]

д. 策文道尔吉在发表有关刻绘岩画的相关信息时，认为呼和丁敖包和茂都太陶勒盖地方岩画的年代为公元前 3000 年至公元前 2000 年，而巴荣毛盖及鄂尔浑河沿岸岩画的年代为公元前 2000 年末至公元前 1000 年。同时，他提出了蒙古国岩画中发现的车辆基本不属于战车，而是用于交通运输或一般生产生活的普通车辆。此外，他还将蒙古国境内鹿石上的鹿与岩画上发现的鹿进行比较研究，进而得出在蒙古国境内"动物纹艺术"产生于青铜器时代中期的结论。[46]

据 A. П. 奥克拉德尼科夫、д. 策文道尔吉等学者通过对库苏古尔省境内发现的岩画进行分析研究，提出在蒙古国境内很早就有了在采集植物根茎、果实的生产活动基础上产生早期"地区性的农业"的问题。[47] 1977年，蒙古国生物学家 д. 额热格登达瓦嘎发表关于北山羊的分布地域及北山羊岩画分布情况的一篇简短论文。文中提到了近 150 处相关的岩画地点，并认为家畜中的山羊很可能是从野生的北山羊驯化而来的。[48] 1976 年，д. 策文道尔吉在后杭爱省伊赫塔米尔县境内的希博尔图音阿姆地方发掘了几座青铜器时代的石板墓，其中一座墓的石盖板为刻绘有岩画的大石板。其上刻绘的内容有人、马、用平行双线条表示的道路图像等。因为，石盖板上的刻绘内容和构图方式等与分布于蒙古国和俄罗斯外贝加尔地区的赭绘岩画内容和表现方法极为相似，因此，他将该石板墓盖板的发现定为甄别青铜与早期铁器时代几种文化的重要断代材料。[49] 1977 年，X. 普尔列在前杭爱省那仁陶勒盖地方发现了 50 多个印记符号图形，及一些其他内容的岩画遗存。[50] 1978 年，他在前杭爱省境内的诺热莫图音乌苏地方又发现，并发表了一些刻绘有狐狸、羚羊、北山羊、牡牛等动物形象岩画的资料。[51] 1977 年，俄罗斯地质学家科瓦列在后杭爱省塔里亚特县境内的楚鲁滕河流域发现了大量的岩画遗存。1979 年，Б. 朝格索木在戈壁阿尔泰省钱德曼县境内发现一幅鹿形象的岩画，并将其形象视为新石器时代被称 "梅多沃谢怡" 的巨型鹿。[52]1979 年，在 А. П. 奥克拉德尼科夫、Д. 策文道尔吉等带领的旧石器时代文化遗存考察分队在科布多省曼汗县的伊希根陶勒盖、辉特乌珠日、呼和哈达，额尔德尼布伦县境内的阿拉格朝鲁、伊和日、呼谢图，巴彦洪戈尔省扎尔嘎朗图县的布嘎图地方，戈壁阿尔泰省吞黑勒县呼达孙乃奥瑞等地发现多处岩画遗存，[53]在发表阿拉格朝鲁、呼谢图等岩画时，特别介绍了双牛驾犁岩画，并将其年代断定为青铜时代。[54]

　　伊希根陶勒盖岩画点发现的画幅数量较多。从岩画的内容看，有鹿、虎、马、骆驼、牛、蛇等，且明显有几种不同的种类的鹿；从动物的表现手法及动物的属性特征来看，可以将伊希根陶勒盖岩画的制作年代确定为旧石器时代。[55]同时，伊希根陶勒盖岩画与蒙古国及其毗邻地区的其他旧石器时代岩画有诸多相似之处。[56]在蒙古国境内，与此风格类似的岩画遗存还处于不断地发现和研究中。

　　1980 年，蒙苏历史文化考察队青铜器与早期铁器时代分队在南戈壁省诺彦县伊黑热浩硕地方发现不少岩画遗存。[57]蒙古国考古学家 Д. 那旺认为其中部分骆驼岩画的年代可能属于旧石器时代。[58]同年，А. П. 奥克拉德尼科夫发表了系统介绍前杭爱省博格德县境内的特伯希山岩画的巨作。[59]1982 年，Д. 巴雅尔在前杭爱省宗巴彦乌兰县境内的阿日朝合图山发现了大量的岩画遗存，并将其年代断定为青铜器时代。[60]

　　А. П. 奥克拉德尼科夫在 1980 年出版的《楚鲁滕河岩画》一书中，发表了 1978 年后杭爱省敖鲁盖图地方的 1 号和 2 号地点、苏敏河流域、巴彦布拉格地方、阿玛尔河流域（巴荣胡术和珠恩胡木地区）、楚鲁滕河右岸地区（阿里尔河汇入处入河口对面地区）、都热勒吉地方、塔里亚特县境内、达根河流域、乌里雅苏台河沿岸地区、都兰乃乌珠日地方、布尔干省鄂尔浑县一带的鄂尔浑河沿岸；中央省塔里亚特县境内的百特地方等 12 处岩画的图片和简要说明，[61]并尝试对上述地区所发现的岩画进行分类、分期研究。在著作中，А. П. 奥克拉德尼科夫将躯体内部有横线条的牛形象断定为新石器时代的作品；将那些刻绘手法都较为粗略且写实感较强的大部分岩画归入青铜与早期铁器时代。对科布多省额尔德尼布伦县境内的呼谢图地方（又名 "呼谢图四山"）岩画中的狩猎题材岩画做过一些研究的俄罗斯考古学家 Ю. С. 胡佳科夫，对骑马男士形象及其服饰、武器做了认真的解读，认为其年代应为 1 世纪后叶。他认为在这个时期，欧亚草原的各个角落里都出现了游牧民族艺术的新题材，即战斗或狩猎的勇士、武士形象。这些岩画中充斥着此类崇尚、歌颂勇士精神的艺术氛围。[62]

此外，А. П. 奥克拉德尼科夫还在 1981 年出版的著作《蒙古国岩画》中，介绍了他本人及其助手、学生自 1949 年以来在蒙古国 11 个省的 46 个地区调查发现的大量的岩画遗存。[63]在该著作中，他从岩画的制作手法及表现内容方面着手，将其分为涂绘、凿刻、锐器线刻三种类型。另外，又将用红色颜料涂绘的"赭绘岩画"细分为："色楞格河流域类型""森林地区类型"和"斜十字架类型"三种类型。作者在对每幅岩画中的每个图形进行细致分析研究时，尤其关注了岩画图像的构图方法和内容含义，且在结尾部分还谈到了蒙古国岩画的总体年代问题。

Э. А. 诺夫戈罗多娃在其《蒙古国古代艺术》一书中对岩画给予了较多的关注。[64]她将辉特曾赫尔洞穴岩画的年代推断为旧石器时代晚期，即不晚于公元前 15000 年。在研究过程中，她对蒙古国岩画有了进一步的认识，将其早先提出的辉特曾赫尔洞穴岩画的年代为中石器时代的观点驳回，并对 А. П. 奥克拉德尼科夫最先提出的年代为旧石器时代晚期的观点予以认可。

Д. 策文道尔吉 1981 年在乌布苏省的谷尔阪陶勒盖、特日木哈达、温赫勒策格、伊赫萨日、托莫热朝日格、额亨呼珠布其、目昭、布加，[65]库苏古尔省的恰黑尔、哈日嘎纳图等地方；[66]1982 年在乌布苏省的哈达乌珠日、[67]哈日纳日图、图夏特、哈木图、哈热浑定纳仁、敦达突如根—谷热本陶勒盖、纳林德勒、宗突如根—特热木哈达、查干沃特格、哈日查干乌苏[68]等地方；1983 年在扎布汗省巴彦海尔汗县的乌兰敖包乃恩格尔、塔林乌华根—阿齐、冬根乌拉、吐蕃德乌拉，布尔干省布雷格杭爱县伊赫都兰乌拉山南麓的沃布根特、乌登图、肖布格尔扎热、霍托勒沃特格等地方都发现了很多岩画遗存。[69]

1983 年，Д. 策文道尔吉出版了《蒙古国原始艺术遗存》一书。书中将蒙古国境内的岩画遗存作为重要的艺术遗存，做了详细介绍。[70]他将辉特曾赫尔洞穴、伊希根陶勒盖、琴达门哈热乌珠日、哈达乌珠日等岩画的年代定为旧石器时代。他认为在蒙古国境内沿着阿尔泰山脉的北麓地区有一条旧石器时代文化艺术分布带。另外，他还认为蒙古国境内的另一支旧石器时代文化遗存的代表，则是位于蒙古国东部地区肯特山一带的阿尔善哈达岩画。乌布苏省萨吉勒县境内发现的目昭岩画年代应为中石器时代晚期至新石器时代早期阶段；具有"×"形符号因素的珠然乌兰哈达赭绘岩画的年代则属于新石器时代；类似伊赫腾格里阿姆岩画中的"方框"或"围栏"图形的赭绘岩画的年代却属于青铜器时代。1984 年，Э. А. 诺夫戈罗多娃出版的《蒙古国岩画世界》一书基本就是《蒙古国原始艺术遗存》的简本。[71]

1985 年，蒙苏历史文化考察队旧石器时代文化遗存考察分队在巴彦洪戈尔省的伊赫布勒干、辉厅乌珠日、哈日赛仁阿姆地方，以及南戈壁省阿日查博格达山东南侧发现了大量的岩画遗存。

1986 年，Д. 策文道尔吉等公布了在科布多省额尔德尼布伦县阿拉格朝鲁、呼谢图等地方发现的部分岩画遗存。[72]1986 年，由 Д. 策文道尔吉率领的蒙古国科学院历史研究所匈奴文化遗存研究队在戈壁阿尔泰省朝格特县的牙玛腾—塔夏拉根—额黑地方发现了刻绘有北山羊、鹿、豹、猞猁等动物形象的岩画遗存，又在科布多省乌音其县的哈日盖腾—毕力齐日地方发现了用利器刻划的马、牛、北山羊等动物形象及有放射状线条的太阳图形的岩画遗存。[73]

1987 年，H. 色尔奥德扎布出版了《巴彦勒格岩画》一书。[74]在该著作中介绍和报道了 1972 年在巴彦洪戈尔省巴彦勒格县境内毕其格图阿姆地方发现的岩画遗存。巴彦勒格县境内的毕其格图阿姆岩画的内容非常丰富，包括狩猎、战争、生殖崇拜以及与农耕有关的内容等，是古代先民留下的岩画巨作。关于该岩画的产生年代，H. 色尔奥德扎布认为应该是公元前 7 世纪至 1 世纪期间的作品。

1987 年，匈牙利考古学家 И. 额热德里和地质学家 И. 费杰希发表了他们在名为吉嘎拉乌拉、巴嘎乌力吉图乌拉的地方发现的鹿、男女交媾等内容的岩画图文简报。[75]1989 年，蒙古国科学院历史研究所乌布苏省文物考古地图集编辑组的成员 Д. 策文道尔吉、Б. 恩和巴图等在呼仁哈达乃乌珠日、呼和陶勒盖、乌勒登厅奥瑞、陶格陶很希勒、夏日布拉格、哈日德林乌珠日、莫都亭哈日黑亚日、亚叙尔、高勒扎图、哈日乌珠日、达留嘎纳、巴雅德赛等地方发现了不少岩画遗存。[76]

1989 年，蒙古国科学院历史研究所巴彦乌列盖省文物考古地图集编辑组的成员 Д. 巴雅尔、Д. 额尔顿巴特尔等在该省境内发现了多处岩画遗存。[77]

1990 年，美国学者 E. 雅各布森教授对蒙古国岩画上的车辆图形做了一些研究，并做出蒙古岩画上的车辆并非战车，而是生产生活中使用的普通运输工具的结论。这一观点[78]与 Д. 策文道尔吉先生 1976 年发表的观点一致。1993 年，E. 雅各布森在其巨著——《古代西伯利亚鹿神》一书中，就有关蒙古国岩画的出现与发展，蒙古国及相邻地区的岩画与相关的古代文化艺术遗存之间的联系等方面提出了许多重要的见解。[79]

1991 年，在蒙古国和日本联合探寻成吉思汗陵墓的"三河源"项目考察过程中，我们再次对肯特省境内的阿尔善哈达岩画进行了研究。此外，在都嘎纳哈达附近四方墓遗存的石板上，以及宾德热县境内毕其格图哈达地方都发现了赭绘岩画。[80]1992 年，蒙古国地质学家 Д. 嘎日玛扎布等在戈壁阿尔泰省比格尔县境内的莫斯图音努鲁山上发现一些古代岩画遗存，并发表了简报。[81]

1995 年，Д. 策文道尔吉、Я. 策仁达格瓦等在前杭爱省伊赫都热勒吉、帕鲁等地发现了大量的岩画遗存。1995 ~ 1996 年，Д. 策文道尔吉、А. П. 杰列维扬科、Ж. 奥勒森带领的蒙俄美联合蒙古国境内石器时代遗存考察队在巴彦洪戈尔省巴彦勒格县的查干阿贵洞穴，巴彦温都尔县的萨拉厅阿贵洞穴里发现了赭绘岩画，另外在一个叫哈日乌拉的山上还发现了一些刻绘岩画。[82]

1994 ~ 1998 年，Д. 策文道尔吉、Д. 库巴列夫、E. 雅各布森等带领的蒙俄美联合"阿尔泰"项目考察队在蒙古阿尔泰山脉西端，巴彦乌列盖省境内的查干萨拉、巴嘎畏吾儿、哈日乌苏、查干乌苏、哈如勒陶勒盖等地发现了大量的岩画遗存。之后，蒙古国阿尔泰山脉西部地区岩画考察成果的发布，造就了蒙古国岩画研究历史上的又一巨大成就。[83]

第二章　吉布胡楞特海尔罕山岩画介绍

　　蒙古国南戈壁省汗包格德县吉布胡楞特乡境内有一座吉布胡楞特海尔罕山。该山中部顶端有古代先民们遗留下来的很多艺术瑰宝——岩画遗存。岩画作者在制作岩画时不仅采用了线刻轮廓（用尖状工具勾勒图形轮廓）、密点敲凿、通体磨刻、直线刻绘等手法，有时还采用疏点敲凿图形轮廓的艺术表现手法。这一章我们将对吉布胡楞特海尔罕山的每一幅岩画内容逐一进行详细介绍说明。

　　第1幅：看似像野驴一类的动物。动物头部表现得硕大，唇部呈钝角。伸长脖子，望向远处，呈伫立状。用轮廓法凿磨出动物的基本外形（图1）。其后有一人形，双臂展开，两腿呈"一"字形劈叉状，男性特征明显（图1、插图2）。

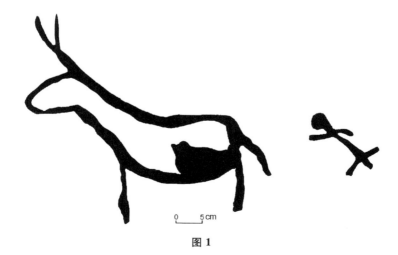

图1

第2幅：两只向右边行走的北山羊图形。走在前面的北山羊胡须刻划得非常明显，腹部细小，前后腿之间的空当略呈三角形（图2）。

图 2

第3幅：三只在草原上悠闲食草的北山羊形象。北山羊的头均朝向右侧（图3）。

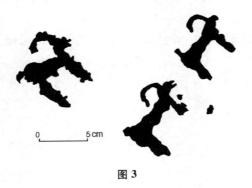

图 3

第4幅：上端为一弧形线条，下面是一竖线条，在其两侧各有一分叉的斜线条，三根线条的上部相连，如树杈状。在上述两个图形的左侧有一条未相连的短线条，不知寓意为何（图4）。

第5幅：一匹马形象。头部很小，耳朵耸立，腹部细小，尾巴特别长，呈拖地状。前后腿皆为弯曲状，且后腿膝盖处的髌骨表现得十分清晰。另外，从嘴部至脖颈处明显刻有笼头或马嚼等缰绳之类的东西。另在其脊部前端表现有一个两端高高翘起的"V"字形，类似于鞍具的东西。从刻绘手法上看，除了胸部用留白手法保留的原始岩画外，其余部分都采用了通体凿刻的手法（图5）。

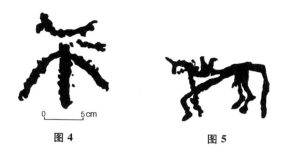

图 4　　　　　　　　　图 5

第 6 幅：弧形曲线位于上方，在其下方为向下分叉的三叉式线条造型
（图 6）。

第 7 幅：两只看似像马的动物形象。表现为颈部和躯体细长，没有尾
部。两个动物都是面向左侧（图 7）。

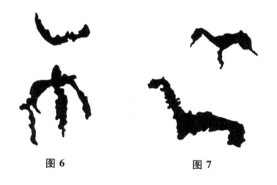

图 6　　　　　　　　　图 7

第 8 幅：该图像看起来有点难以辨认。最上方为三根纵向平行直线，
下方是三条横向平行直线。三条平行直线的两侧各有一个四个分叉的特殊
图形。且三条平行线和两个四个分叉交叉处的上部、下部各留出了一个圆
形的空白处。该图像的寓意暂时还难以阐释清楚（图 8）。

第 9 幅：圆圈形居中，在其上方及左、右两面各有一条直线，左、右
两侧的直线略微向上。整个图形有点像太阳及其光芒的表象（图 9）。

第 10 幅：四个人形图象。从构图上来看，人的头部均朝向画幅的中心，
腿部朝外。双臂自肘部呈直角弯曲，腿部由膝盖处呈直角弯曲。其中三人手
指被表现为有三根指头的三叉形。一人头部用圆圈来表现，中间部分未做凿
刻处理，另外三人头部都采用通体刻绘。此外，四人中有三人的头上有菱形
物，不知表现为何物。人身躯用很粗的直线条来表现，身形最高的那个人

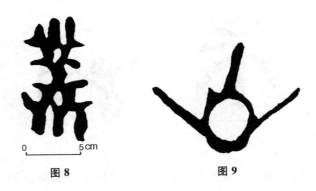

图 8　　　　　　　　　　　图 9

（头部用圆圈表现的人）腰际有一个看似像十字形交叉的物件，不知表现的是不是弓箭，或是弓囊一类的武器装备。这个人对面的人手中明显握着一根一端粗大、一端略显尖锐的武器状物件。这两人的旁边有一太阳形的圆圈形，其上面还有五根光芒散射状的粗短线条。类似太阳的图形旁边刻绘有两条短粗线条。该幅岩画可能表现的是人们围成圆圈跳舞的活动场面（图 10）。

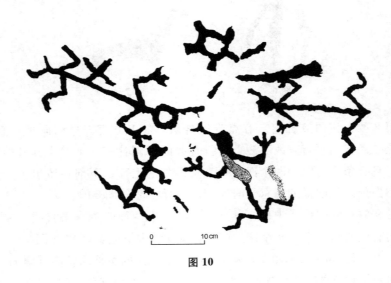

图 10

　　第 11 幅：三个非写实的几何图形。画幅左上方是一个由五个圆圈构成的花瓣形与一个由两个圆圈构成的图形由一条短线条相连的图像。第二个图像位于画幅的右上角，画面看着很像一个两腿向上伸直，双臂展开成"一"字形,头朝下倒立的人形。但奇怪的是画面的下方有两个圆点,不知寓意为何。第三个图形位于整幅岩面的下部。一个圆形,其上侧有三条竖线条,左右两侧各有两根横线条,下侧有一根竖线条,竖线条非常长,向上一直延伸至圆圈的上端,将圆圈分为两个半圆形(图11)。

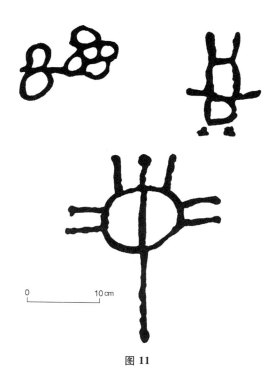

图 11

第12幅:这幅岩画中有人形、似蛇形,以及圆圈、方形等几何图形。画幅的左上角有一个看似像蛇一样的弯曲的图形,其右下侧画面中心部分表现有一个巨大的人形。人形胳膊自肘部向上弯曲,两腿由膝盖处向外弯曲略呈劈叉状,一只手上表现有两根手指,另一只手和两只脚上均表现有三根指头。人的躯体、四肢及长长的脖颈都用细线条刻绘。头部以不成比例的小圆圈来表现,两侧下端耳际处另有两个圆圈形。另外,人的裆部亦有一个圆圈形,有可能是在暗示其为女性。人形的左侧有一十字形,在十字形的四个远端均接连有一个小的圆圈形。十字形左侧有一略似椭圆形的造型,其左侧接连有一个小小的芒刺状的短线条。人的右侧则是一个方形,内部有两条将其平均划分的竖线条。方形的上方有一条未与方形相接的短线条。人形右侧较远处有一条粗大的竖线条，上方有一个圆点和一根短线条。上述巨大人形下方有三个双臂展开上举的人形，头部特征一人为圆圈，另两人为通体刻绘的大圆形。三个人形中，左面的人脚趾为三根，裆部有一个椭圆形圈，其下方有似表现男性特征的芒刺状短线条。其右脚脚趾的下方连接着几条向不同方向延伸的曲线条。在这个人形的下面有两个圆圈形，圆圈形的下端各有一条竖线条（互相平行），且竖线条的下端与一条横线条相连，连接处的两端各有两条并行的半弧形向两侧延伸，且该横线的中部下端有一个相连的圆圈，圆圈的下端有芒刺状的短线条。该有芒刺状短线条的圆圈与上面人形裆部示意男性生殖器的图形类似。另外，横线条的上方又有一个近似扇形的圆圈。在三个人中间的那个人腿部刻意没表现出来，身躯用细线条表现。其右面的人头部及左手用通体凿刻的圆形表现，右手则用圆圈表现。人的身躯则用纤细竖线条表现，线条的下端有一圆圈形，圆圈的右侧有一芒刺状线条。中间和右侧人形的中间略靠下的地方有波浪形折线，折线的一端有圆圈形，波浪形折线的中间另有一条向左、向下延伸的线条。该图形的下方有一较大的椭圆形。右侧人形右下方又有一未封闭的椭圆形，椭圆形的下方有折角线条（图12、插图3）。

第13幅：画幅左边是一个用短线条刻划出的"十"字形，"十"字的竖线条下端露头较短，看上去很像数学符号中的"＋"，抑或更像一只展翅飞翔的鸟。"十"字形图形下方有一条短的横线条，两侧则是向横线方向倾斜的两条斜线。画幅的右边是一个下面有短粗芒刺的圆形（图13）。

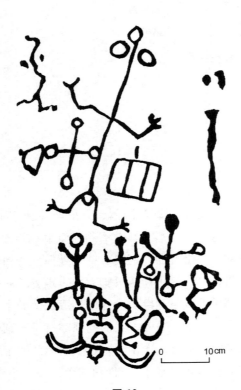

0　　　　10cm

图 12

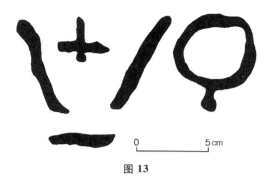

图 13

  第 14 幅：两个上下相连的一对圆圈，上面的圆圈略小于下面的圆圈，好似人的头部和身躯。大圆圈的下方延伸出两条线条（很像人的双腿），且左侧线条的另一端为"A"字形，右侧另一端则为左右分叉的倒钩形。大圆圈左边又有一延伸出的线条，线条的另一端为"丫"字形（图 14）。

  第 15 幅：表现的应该是一个人的形象。头部以通体凿刻的很小的椭圆形表现。身躯以一条笔直的长线条表现。两只胳膊用较粗的线条刻绘，左手笔直，右手肘部上弯且末端有圆圈形。两条腿以不成比例的短线条来表现，呈劈叉状，膝盖一上一下略弯曲（图 15）。

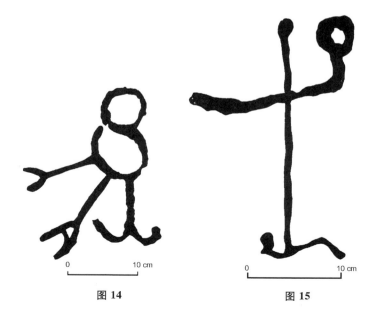

图 14   图 15

第16幅：画幅的中心部位为一圆圈，圈内有一圆点。圆圈上面有一条笔直向上的长线条，长线条的另一端为通体凿刻的椭圆形。该椭圆形应该是表示人的头部。圆圈的左上与右上均有一条向外延伸的线条，线条的另一端都与一个圆圈形相连，应该是示意人的双臂。圆圈下方为三条略呈三叉形的直线条，左侧和中间的长线条之间有一条连接的斜线。中间有圆点的圆圈右侧有一条一端开叉略呈麦穗状的线条。整体看来，岩画中将人的形象表现得较为独特（图16、插图50）。

第17幅：岩面的左部分刻绘的两个首尾相连类似动物的图像。上面的动物嘴部很小，双耳表现为小的三角形，尾部翘起，很像黄羊或狍子类的食草动物。两个动物形象的左下方为一个带柄的椭圆形圈。画幅的右上方为展开双臂的人形，人头部为通体敲凿的圆形，下方有一条长斜线（图17）。

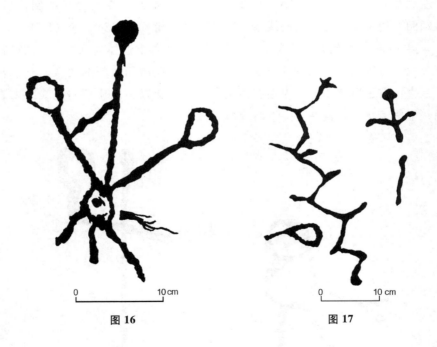

图16　　　　　　　　　　　　　　图17

第18幅：椭圆形凹痕居于画幅中心位置。凹痕外面有四重圈。重圈右上侧还有一圆弧形，很可能是未完成的第五重圈。画面左上方有一处、右下方有两处不规则刻痕图像（图18）。

第 19 幅：一个造型非常独特的人形象。头部为双重圈，里圈内有一只头部有分叉犄角的北山羊类动物形象。顶部又有一条开衩的粗线条和两条细线条。人的双臂为"一"字形展开的横线条，胯部、膝盖处、脚踝处为呈直角弯曲的细线条状。表示头部的重圈和表示双臂的横线条之间有两个通体刻绘大致呈椭圆形的凹痕。另外，在两腿之间的裆部用椭圆形圈表现女性生理特征。人形右上方又有一个人形。该人形的头部用内部未加凿刻的圆圈表示，头顶有两条芒刺状的短线条，不知是表示犄角饰还是表示辫子。脖颈和身躯用一条笔直的细线条表示，双臂基本呈"一"字形展开。两腿略成劈叉状，裆部以短线条表示男性生理特征。该人形下方有很多不规则形状的细小凹痕（图 19）。

第 20 幅：一个人的形象。头顶有两个三叉犄角，躯体用粗直线条表示，两臂"一"字形伸展，双腿叉开并弯曲呈马步状，裆下用短线条表示男性生理特征。此外，人腹部有一条较长的横线条。整体来看，人的造型犹如表现为印记符号化的几何图形，着实独特（图 20）。

第 21 幅：一只写实性描绘的北山羊形象。北山羊的犄角较大，且向后弯曲，尾部上翘，呈伫立状。从刻绘手法上来看，是以敲留法表现出图形轮廓（图 21）。

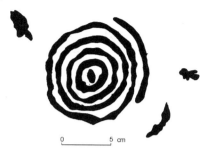

图 18

图 19

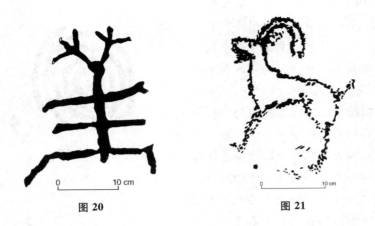

图 20   图 21

第22幅：岩面左下方以通体刻绘的方式表现了一只体态硕大的北山羊形象。北山羊上方有一个中间有凹痕的圆圈图形。圆形的左侧相连着一个略呈圆形的凹痕，为通体刻绘。北山羊上方这一相连的图形，整体上很像人的形象。岩面右方又有一个与前面造型相似内有圆形凹痕略呈椭圆形的图形。椭圆形圆圈的左侧延伸出一条较粗的横线条，横线条的另一端与一竖线条垂直交叉，横线条中部有一"V"字形线条延伸到竖线条的位置（图22、插图59）。

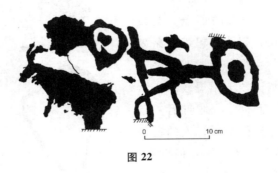

图 22

第23幅：岩面上方是一只长犄角、体形硕大的北山羊图形象，下面为一只小的北山羊。两只北山羊的下面是一个人的形象。人的头部显得很小，以通体刻绘的小圆点来表现。人的双臂从胳膊处呈直角弯曲，呈上举状。画面中将人的躯体以较粗的线条表现，但没有刻绘其腿脚部分。人形左侧有一条粗短的线条（图23）。

第 24 幅：画面左边是两个人的形象，头部均为通体刻绘的圆形，双腿为倒"V"字形开叉状。左侧人形的双手由肘部弯曲上举，且每只手上都明显地表现出三根手指。这一人形的右下方有一个不规则形状的凹痕。右侧人的头部略大于前者，没有表现出双臂。该人形的左侧有一条短线条。两个人形的右上方较远处，有一只刻绘非常精细、犄角耸立的鹿形象（图 24）。

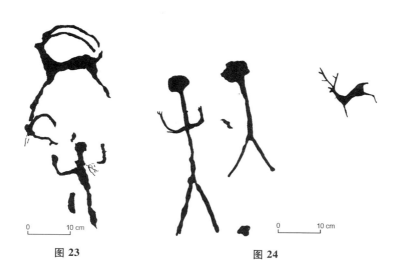

图 23　　　　　　　　　　　　图 24

第 25 幅：画幅右上方是以疏点敲凿法刻绘的中间有圆形凹痕、外面有圆圈的太阳形图像，其左下方另有一匹用疏点敲凿法刻绘的马造型图像。太阳形图像的左侧是一组人形、马匹和飞鸟的图像。该组画面的下方是两匹头部相对的马，且左边马的位置略高于右边的马。在刻绘马的时候，并没有以通体刻绘的方式，而是在马的躯体上刻意保留了一些斑驳的原始岩面。马匹右下方有一只未刻绘完整、嘴角张开的鸟形图像。马匹上方为两个双手支在胯部、两腿叉开、膝盖处略微弯曲站立的人形。两人形中，左边的男性生理特征表现得非常明显，右侧人形头顶有略呈菱形的刻痕。人形左上方栩栩如生地表现了一只展翅飞来鸟（图 25）。

第 26 幅：一群北山羊。除了岩画左侧一只北山羊的头朝左下方以外，其余北山羊的头均朝右侧，且多为奔跑状。下数第二只北山羊后颈部明显有两只射中的羽箭。另外，头朝左下方的北山羊腹部也有一条细线条，很

图25

像刺穿腹部的箭杆。这只北山羊后腿的脚踝处还有一芒刺状的短线条，不知为何物（图26）。

第27幅：一匹马的图像。头部硕大，脖颈短粗。以轮廓法和较粗的线条表现出马匹躯体的同时，还以较细线条刻绘出了马腿部的轮廓。画面中看不到马尾部的表现。马前腿右下方有两个长线条，腹部下方及臀部上方还有一些大大小小不规则的凹痕（图27、插图58）。

第28幅：这幅岩画中表现的内容较为丰富，但寓意却晦涩难解。整幅岩画由上、下两部分画面组成。上部分画面左上方有一个通体刻绘较大的不规则的凹痕①。凹痕下方一个以轮廓法表现难以辨认的图像。该图像的右上角是一个椭圆形，左上角上部有五条略微弯曲的分叉图像②，左下方

———————————

① 略呈"心"形。——译者注
② 有点像人的手指。——译者注

为两个不规则的椭圆形。其下方有一个略呈枝杈状，有点像人的图像，但有趣的是这个图像的下端较粗，略呈方形。上部中上方为一个刻绘较为模糊的动物形象。其下，为六个连接在一起的圆圈，圆圈组的上端和下端各有两条和三条芒刺状的短线条。这组用六个圆圈表示的图形很可能是抽象表现的人形。再下方是三个叠加在一起的弓形与一个小圆圈相连的图形。其右侧是四端有小圆圈的"十"字形，上端圆圈上方有用细线条连接的三个大小不一的圆圈，右端圆圈上方有用短线条连接在一起的大小四个圆圈。有趣的是，这四个圆圈中最上方的小圆圈像人的头部，下面连接的长线条犹如人的脖子，下方的大圆圈像身躯和手臂。整体来看，上面两个由圆圈连接成的图像很像是两个并排站立的人形。上述四端有圆圈的"十"字形下方又有一个圆圈形，圆圈外面有向四方延伸出的芒刺状线条。画面右上角有一个阔步前行的人形，其下方是一个内部有分割线条的圆圈形。下部分画面的左侧为一个人形，人头顶部有四根芒刺状线条的帽饰状圆形图像，脖颈和身躯由粗线条表现，四肢短小且均有三根手指，男性特征以细长线条很夸张地表现出来。右侧有上、下两个图形。上面图形的中心为一个圆点，圆点外面有两重圈，在其外层是一个有柄的圆圈形图像①；下面图形上侧为两个相连的圆圈，圆圈下接连有一条短线，线条另一端又接一圆圈（图28、插图57）。

第29幅：画面左上方为凹面朝上、由下而上逐层变小的四重弧形，上层最小的弧形中间有一条向上方延伸的短粗线条，弧形之间分布有很多细小的凹痕。其右上方与一个由弯曲线条组成的不规则图形连接。画面下方为一个简略的看似像马的动物形象。动物头部、尾部和颈背部均由笔直的长线条表示。动物腹部用下弯的弧形表现得极为硕大。同时，在腹内和脊背上均有不规则的圆点状刻痕（图29、插图56）。

第30幅：6匹马图形。其中4匹马头朝右侧，2匹马头朝左侧。画面左下方一匹马是以锐器线刻的轮廓造型，其余的马均采用通体刻绘法表现。这些用通体刻绘法表现的马匹从造型上看，均腿部细长、颈部细高且呈前伸状，中间最高大的马表现出长长的尾巴，其余的马均未表现出尾部。在马匹的图像之间刻绘了一些不规则的凹痕（图30、插图51）。

---

① 类似于"网拍形"图形。——译者注

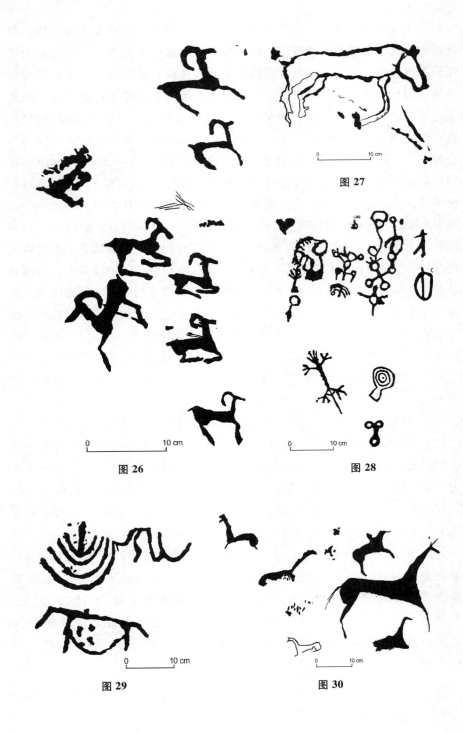

图 27

图 26

图 28

图 29

图 30

第31幅：12匹头部朝左或朝右且形态各异的马图形。马的整体特征为颈部细长、身躯纤细高健、腹部紧收，不肥硕。有些马匹的腿部、尾部、耳朵及生殖器用纤细的线条表现出来，而有些却完全没有表现出这些部位特征。有4匹马的背部皆有一竖立的线条，可能示意了马背上乘骑的人。有些马匹的背部有两条竖立的线条，可能表现的是马鞍类的器用。此外，还有一匹马的腹部表现有一芒刺状的短线条（图31、插图54）。

图 31

第32幅：三匹马的形象。三匹马头都朝右上方，中间马的耳朵、四肢及尾部均未表现出来。另外两匹马则为细颈、小腹，身躯与腿部特征极具奔跑的活动状态（图32）。

第33幅：该画幅中部是一条犹如前行状蛇的波浪形图像，其下端有分叉，似为蛇的头部。波浪形图像右下方有一不规则的凹痕，左下方则是一个圆圈及与之连接的长线条（图33）。

第34幅：画幅中非常写实地刻绘了像两只北山羊或母盘羊的动物形象。左上方的动物头朝右，右下方的动物头朝左（图34）。

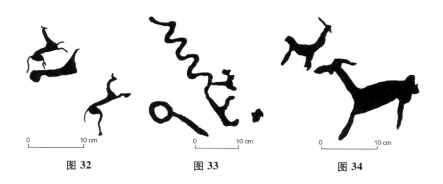

图 32　　　　　　　图 33　　　　　　　图 34

　　第 35 幅：主要由 5 个人形图像与一些印记符号等内容构成。画幅左
下角是一个中间有圆孔、一面有开口的不规则图形；其左上方有一个一
面有开口的不规则图形、一个短柄的圆圈、两个圆圈及一条一端粗大的
"杵"状线条。在这些图像右侧是一个人形。人头部戴有三叉状的帽饰，双
臂由肘部上弯，每只手上均有三根手指。人身躯以笔直的粗线条表示。人下
腹部有一条横线条，横线条上面有 9 条栅栏状的竖线条，4 条在腹部的左侧，
5 根在其右侧。横线下方，人的胯部有一个倒三角形，三角形下方连接一
圆圈。

　　三角和圆圈上方有一只与之有叠压关系的北山羊形象。在其右侧还
有一个动物形象。这些画面右侧是两个连接在一起略像人但不能完全确
定的类似人的形象。左边的很像人的侧影，右边的则像人的正面形象。
这两个图像右侧有一个下端粗大的棒槌形图像、一个半椭圆形的凹痕及
一个椭圆形圈。岩面右上部有头朝左、脚朝右的人形。人的头部戴三叉
状帽饰，躯体以粗且长的直线条表现。双臂由肘部向上弯曲，左手有三
根手指，右手略呈攥拳状，上面有刺状短线条。腹部有向两端凸起的部
分。双腿由膝盖处弯曲呈马步下蹲状。裆下位置将生殖器表现为巨大的
棒槌状，且一端有"丫"字形分叉。此外，在胯部还有一个凸起的短线
条。人形的下方有三重圈状同心圆图像，外圈的外面与两个小圈和一个
凸起的大圆点相连。同心圆图像下方是下端有三根短线条的椭圆形圈，
弯钩形线条。画面最右侧是一个小的圆弧形，下方是圆圈及与其上方相
连的长柄钩形线条（图 35、插图 64）。

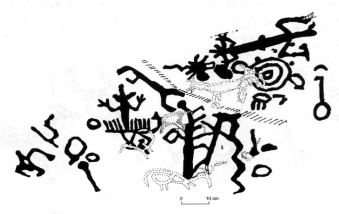

图 35

第36幅：岩面左上方为一只头朝下的北山羊形象。岩面的右上方为一个长线条，线条的下方又有一只北山羊，羊头朝下，后腿及尾部缺失。北山羊下方有两个不规则的凹痕。岩面下半部分是手臂相连的一高一矮的两个人形，头部呈圆形，身躯以较粗的直线条表示，两人之间有一个不规则的凹痕（图36）。

第37幅：画面左侧为三重同心圆图像，外圈的右上和下方均有一条与之相连的长线条，右上方线条的另一端连接一个圆圈形。同心圆图像的左、右两侧各有一个不规则的凹痕。画面右下方有一个侧面不平整、毛絮状边缘的长条形图像（图37）。

第38幅：画面中非常精细地刻绘了一匹马的形象，马为小头、细颈、收腹、长尾，头向朝左（图38）。

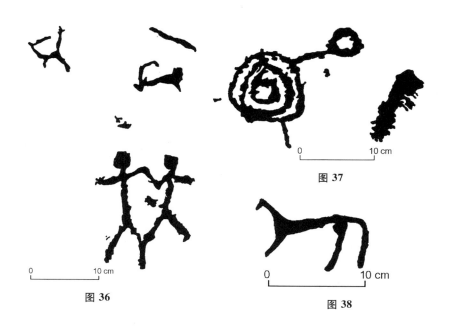

图 37

图 36

图 38

第39幅：岩面左上方有一个看似像马一类动物的图像，用线刻的方式将马头、双耳、长颈及前腿都表现了出来，其余部分未刻绘。马头右下方亦有一条线刻的细线条。马的右侧以通体刻绘的方式表现了一只头朝右侧的北山羊或家养山羊类的动物图像，动物的犄角和四肢均由细线条表现。动物的嘴角与一条像系绳似的长线条相连。北山羊的右侧有两

个向左侧策马前行的骑士岩画。其中，左侧骑士马头之上有似牛犄角状
装饰物①，尾随而来的马脖颈极其粗大。两个骑士下方有一个通体刻绘
的人形，手持大弓箭。岩面右下方有一个长尾、小耳、小头、细长腿，
狼一样的图像。在其左侧为一匹高大的马，以轮廓法表现马的躯体，耳
朵为两条纤细的短线。马的前胸下方有一条较粗的曲线条，腹部下方有
多个凹痕。其下方又有一个基本轮廓为线刻的人形图像，只是人的头部、
肩部、胳膊为通体刻绘。此人手中握有一件类似斧头的器具（图39）。

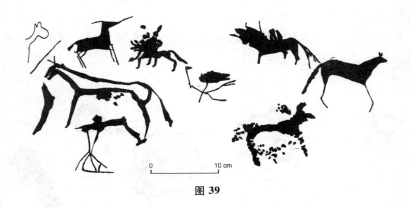

图 39

第40幅：画面中心为一个较大、竖立的椭圆形圈，圈内有一个边角略
呈方形的椭圆形圈，外圈下方有一向下方延伸的短线条，右侧也有一向右
下方延伸的线条，外圈的中部有一条横
向穿过并一直延伸到圈左侧较远处的长
线条，在延伸出的横线下方与"×"形
图形相连。椭圆形左下方有一条略有折
角的短线条。椭圆形右上方接连有一个
像耳朵一样的小圆圈，左上方连接一条
弧形长线条，并且在线条的上方有两个
并列的椭圆形圈（图40）。

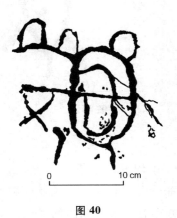

图 40

第41幅：岩面左上方为骑着高头
大马的骑士图。骑士头顶有盔缨状饰

---

① 可能为马的耳朵。——译者注

物。坐骑腹部下方有小圆圈①，嘴角至脖颈处有表现马衔缰绳的线条，马尾细长且微微翘起，胸前有凸起的圆形饰物。岩面左下方是以疏点敲凿的一大一小两只北山羊形象。小北山羊位于大北山羊的背部略后，其后腿由三个断断续续的刻痕组成。岩面右上方刻绘有一个下部略呈圆角的方形图像。其下方为一个略呈"丁"字的图形。岩面右下方则有一个有点像飞鸟的三叉状图像（图41）。

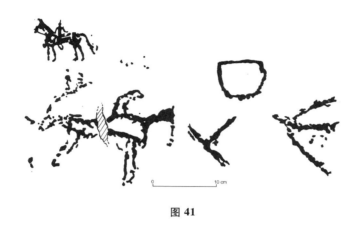

图 41

第42幅：由多个大小不一、不规则凹痕组成略呈圆形的图像，以疏点刻绘而成。该图像中心处刻痕较为密集，形成一个略呈椭圆形的凹痕。其左侧也有一些不规则的凹痕（图42）。

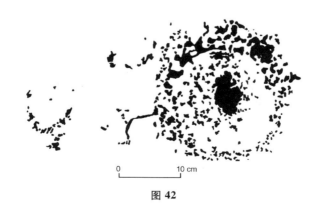

图 42

① 可能为骑者腿部表现。——译者注

第 43 幅：岩面左上方有一个头向朝右骑马的人形，画面中马头、马尾细长，耳部较大，呈三角形，骑士似为鞴骑①，手握弓箭呈欲射状。骑士前方为两只立耳、长尾的狼，在它们的右侧和下方又有三只体态略小的狼。岩面最右侧为一个难以辨认的动物形象。岩面左下方有多个不规则的凹痕（图 43）。

图 43

第 44 幅：画面中为一只四叉犄角、细长颈、长腿、收腹的鹿形象，鹿头朝向右。在写实刻绘鹿图形时将其头部、耳朵、尾部、四肢及鹿蹄等都表现得细致入微，且动态十足。同时，鹿后臀左侧以密集的小点敲凿出一个圆圈形，不知寓意何在（图 44）。

第 45 幅：一个简略的类似人形的图像。其头部用圆圈表现，圈内中段有曲折的竖线条。身躯以细长的竖线条表现，且在该线条的下段有一条与其交叉表示双腿的横线条，横线条下方有表现男性生殖器的竖线条。双臂由疏点敲凿的横线条表示。人形的右下侧有一条曲线条（图 45）。

第 46 幅：一个犹如松树枝干的图形。细长的竖线条似树干，斜着延伸出去的短线条似树的枝杈。此图形顶端有一个圆圈形，右下角的斜线末端有与之交叉的短线条。该图形看上去虽然很像树木

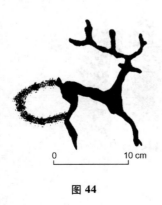

图 44

---

① 无马鞍或只有鞍鞯。——译者注

的枝干，但很可能也会是表现当时某一人群族群脉络关系的图像（图46、
插图52）。

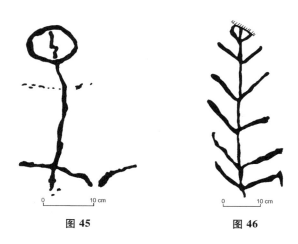

图 45　　　　　　　　　　　　图 46

　　第47幅：画面上方为一圆圈，圈的左上方有相连在一起的粗短线条。
圆圈左下方与一条较长线连接，该线条看似像一个动物的脊背部分，并将
其以轮廓法加以表现。动物头朝岩面上方，四肢朝右侧，尾部特征不明
显。动物腹部被一横线条穿过，并一直延伸到其脊背的左侧，线条左端呈
折角状弯曲。该岩画如果竖着看很像一个人形，但如果横着看却又像某个
动物形象，所以还需要进一步仔细观察辨识（图47）。
　　第48幅：该岩画以通体敲凿刻绘的方式表现了头部朝岩面右侧的两匹
马的形象，其整体特征为头部硕大、耳朵耸立、收腹、翘尾、粗腿（图48）。

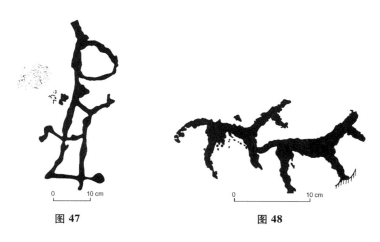

图 47　　　　　　　　　　　　图 48

第 49 幅：在该岩面左上、右下方各刻绘了一只头向朝右和朝左的北山羊形象。画面中在采用通体刻绘的方式表现北山羊的同时，在羊的大角和腿部还接连刻绘了一些其他的图形。两只北山羊的周围刻绘有很多大大小小的圆圈、双连圈、中心有圆点的圆圈、同弧线连在一起的圆圈，以及一些不规则似印记符号类的图像等（图 49）。

图 49

第 50 幅：画面中有一个下端向内侧呈凹陷状的椭圆形，椭圆形内部被一竖线条一分为二。在椭圆形的左、右上方各与一条曲线条相连（图 50）。

第 51 幅：一个左上方有缺口的椭圆形。与这个犹如反向 "C" 形图像重叠在一起的是一个像多叉状鹿角的图形①（图 51）。

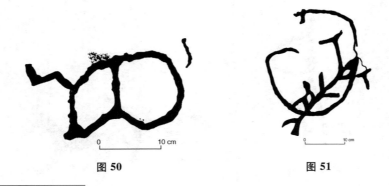

图 50　　　　　　　　　　　图 51

---

①　有缺口的椭圆形图形 "C" 字形线条的一端有 "丫" 字形分叉，犹如蛇类动物张开的嘴角。——译者注

第52幅：岩面左上部是一个圆圈及与之下面连接的竖线条，竖线条下方有一十字交叉的短横线，整体图形犹如简略的人形。横线下方的短线条可能是男性特征的象征。简略人形左侧有一竖一横两条短线条。岩面右下方为三个由上而下、从小到大纵向排列略呈"几"字形结构的图形，其中最上面的一个"几"字内有一竖线条图形；第二个为双重"几"字形图形，且在图形左侧有一个凹痕，右下角有一曲线条；第三个为双重"几"字形内有一条竖线条的图形。三个"几"字形犹如从高处往低处排列的三座山头。地质学家 Д. 嘎日玛扎布先生认为该岩画中的三个"几"字形结构的图形可能是表现了吉布胡楞特海尔罕山由西向东排列的三座山头。我们根据该提示，将岩画与吉布胡楞特海尔罕山的分布情况进行了对比，认为的确很相似。在上面两个"几"字形图形的左侧有一个用疏点敲凿的动物大体轮廓，但动物的耳朵和尾部均未表现出来。动物的下方为一简略的人形，一臂上弯，一臂平伸，两只手上均刻绘有三根手指。左手的旁边有一个椭圆形的凹痕，可能是手持的鼓或盾牌一类的器用。人形的胸部左侧与一个方角的短线条连接，左腿左侧有一个圆圈，而腿却被非常夸张地表现为弯曲的长线条（图52、插图47）。

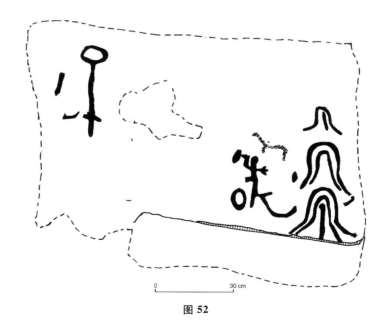

图52

第 53 幅：岩面的左侧有一只头朝左边奔跑的北山羊，右侧为马、鹿等动物的形象。在表现这些北山羊、马、鹿等动物时均采用了通体刻绘的手法。但在刻绘鹿的时候，并未将鹿的前腿及后臀和尾部特征表现出来。在马和鹿的右下方有一个用轮廓法表现的动物形象。在该类似于动物躯体的长条形围栏的左上角有一些不规则的凹痕，上端有 1 处、右侧有 2 处、下端有 2 处接连的长线条（图 53）。

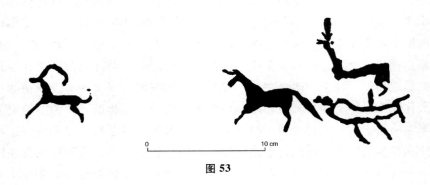

图 53

第 54 幅：在该岩画中刻绘了几个人形及其他一些较为独特的图像。岩面的左上角是一个圆形大凹痕，凹痕的左下端连着一个短线条，右边又连接有一个末端略微弯曲的长线条，且长线条的中间又有一条向下延伸的短线条。该长线条的下侧有一个中段有两条十字交叉线条的、末端呈棒槌状的长线条。该图像看似像是从侧面表现的人的形象。在岩面的中心位置共有 6 个人的形象，其中部是 3 个并排而立的人形，下方又是一个人形，右上方和左下方则各有一个小的人形。其中，左上方的人形呈舞蹈状。这些人形的左侧有一个圆圈形，圆圈的下方有一个中间有一个圆点的双重圈同心圆。同心圆右侧接连有一个长线条，且长线条的末端与左上方人形的腿部相连。左上方的人形为圆头；左臂上举，呈弧形弯曲；右臂向右侧平伸，有三根手指；胸部右侧接连有一条较长的粗线条；腰部亦有箭囊和兵器类物件；胯部采用留白手法，三角形的岩面未刻绘，保留了自然岩面；左腿的脚踝部表现为较大圆形凹痕；右腿则用细线条表示。中间的人头为圆形，顶部有两个略呈棒槌状的犄角形帽发饰；双臂由肘部向上弯曲，且两只手中一个有 5 根，另一个有 4 根手指；腹部鼓起；腹部右侧接连有几根长短不一的线条，可能为战斗中使用的各类武器；腿部弯曲，与下面的人形相连。岩面右下方的人形亦为圆头，且头顶上有高耸的犄角状长线条，像一对兔子的长耳朵，很可能是戴了有耳饰的面具；腹部鼓起，双腿叉开，裆部表现有棒槌状的生殖器；身后腰部位置有一条长线条，可能表现的是某种武器；双臂平伸，每只手上表现有三根手指，且左手的手指特别长，一直延伸并接连在中间那个人的腹部、胸部及胳膊肘上。在这个人的面具饰的右侧犄角处接连刻绘有另一个小的人形。在上面说到的三个一线排列的人形的下面，另有一个戴有犹如兔耳状面具的人形。该人形的一只胳膊由肘部弯曲上举，将手置于面前位置，另一只胳膊则下弯，手部至于胸前位置；双腿则均向右侧斜伸，膝部下弯，胯部后侧佩带有一个像战斧的武器。该人形的左侧另有一个平躺的简略人形图像；人的头部、胸部及握拳状的双手均为正面表现，而腿部则为侧面表现（图54、插图40）。

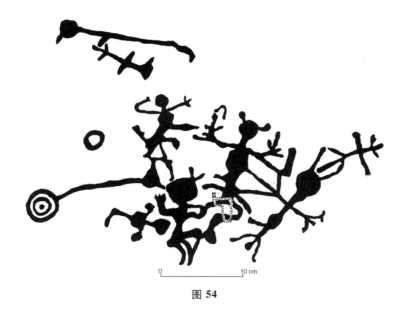

图 54

　　第 55 幅：岩画中表现了一个非常特别的类人形图像。人的头部用四重圈状同心圆表示，且最外层的大圈上有 30 条光芒状的短线条，顶部又另有 2 条斜伸出的犄角状的长线条。整体上就像一个具有"太阳"形头的人像。最里面的小圆圈上也有 5 条长短不一的光芒状线条。人形的身躯、上臂、双腿及男性生殖器均由较粗的线条表示。两只手均表现为有三根手指的样子（图 55、插图 44）。

　　第56幅：画面中简略表现了三个连臂的人形。左侧的人形略大，头部呈圆形，肘部略为上弯，右手牵着中间的人形的左手。中间的人形，头部戴三叉状的帽饰，未表现男性特征，可能为女性。其右侧又手牵着一个简略的人形。该简略人形头戴双叉状"丫"形帽饰，躯体的表现含糊不清，可能为小孩的形象（图56）。

　　第57幅：这里用粗线条刻绘了一个三角形，三角形下面的两个角略呈钝角状，上面的角的左侧接连有一条短线条，且短线条的另一端略呈鸟喙状（图57）。

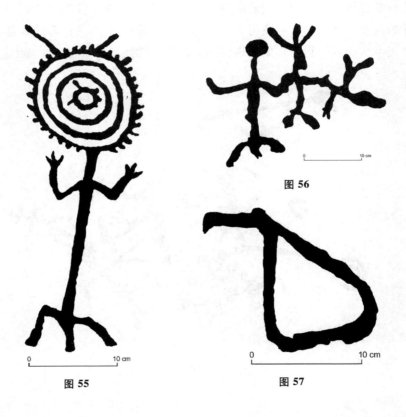

图56

图55

图57

　　第58幅：岩画画面中为一个大的人形，圆头，身躯用粗的直线条表现；双臂肘部弯曲上举接连于头顶上端，略呈圆形；左臂下方有一个用细线条相连的圆形凹痕，似悬挂在臂膀上的某物件；人的腿脚没有表现清楚，只是在身躯的下方用粗线条刻绘了一个略呈方槽状的图形，且方槽的顶部有一条细线条相连（图58、插图38）。

图 58

　　第 59 幅：在岩面的左上方有一匹马的形象，马的耳朵小而耸立，背部细长，腿部略粗且由膝盖处弯曲，马头朝岩面右侧。马头及背部上方有一条与其平行的粗线条。马的后腿及尾部下方有一只尾部翘起、未表现犄角的山羊。山羊的右侧为一个一端分叉略呈"丫"字形的图形，且一条分叉短小粗大，另一条则长而末端有圆环形。该图形的下面是一条长的曲线条。岩面的下方是一条短的横线条和横线条下面的大的圆圈形。岩面的右方则是一匹简略的马匹形象和一只展翅飞翔的鸟形象（图 59）。

　　第 60 幅：岩面的上方为一个头朝左下、脚朝右上侧的简略人形。人的双臂平伸，双手均有三根手指。人的身躯为侧视状，胸部有一犹如女性乳房的凸起部分。腰部纤细，双腿短小。胯部接连有一条粗线条，可能表现的是某种武备器具。两腿之间刻绘了一个粗线条，在裆下形成了一个圆环形。人形的下方有一个圆形的凹痕及接连在下方的粗线条，可能是人的头部及颈部或躯体。身躯的左侧接连有一个用细线条划刻的弧线。上面的人很像是向下面的这个"孩子"飞奔而来的样子（图 60）。

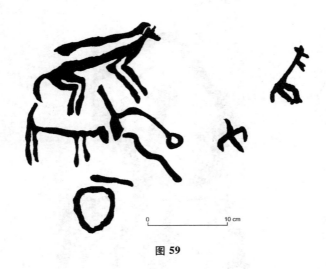

图 59

第 61 幅：该岩画中表现了一个人和马的形象。下方的马有耸立的大耳朵，粗大的腿部，尾部长而微微翘起。马的上方有个犹如站立在马背上的人形。该人形面向岩面右侧，左手向前平伸，右手肘部弯曲，呈弯弓射箭状。人形的前方（即岩面的右上方），有一块岩面剥落残损的痕迹（图 61）。

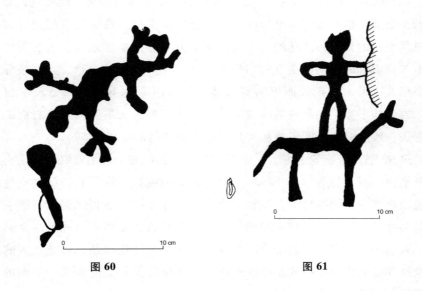

图 60　　　　　　　　　　　　　图 61

　　第 62 幅：该岩画中，在岩面的左侧有一个由三重圈组成的同心圆图形，岩面的中下方另有一个双重圈组成的简略同心圆图形，且外圈的左上部没有完全闭合，有小的开口。另外，该同心圆的下方又接连有一个短线条。岩面的右上方有一个小圆圈及接连在下方的十字形。该画幅中的图形可能是表现了太阳、有腿的太阳及其他天体图像（图62）。

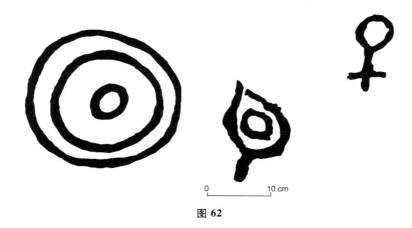

0　　　　　　　10 cm

图 62

　　第 63 幅：岩面的左侧有一个略呈椭圆形的圈，圆圈的下端接连有三条短的竖线条。两边的长线条像人的双腿，中间的短线条像男性生殖器，但并未表现人的头部和两臂的特征。该图像的左下方有一条较粗的短横线。岩面的中部又有一个底部略呈直线的椭圆形的圈。该图形的下端同样接连有三条竖线条，左边的一条较短，右边的两条略长。这一图形的右侧有一个简略的人形，人的躯体用粗线条表示，双臂平伸，双腿短小，且裆部用短线条表现出了男性特征。简略人形的右腿下方接连有一个圆圈形，且圆圈的外侧接连有 4 个短线条，周围还有一些不规则的凹痕。该图形的左侧有个像俄文字母"Π"的图形。岩面的右侧有一个较大的人形，其头部略呈圆形，躯体和四肢均为粗线条表示的直线，裆部用短线条表示了男性特征。该人形的头部左侧有 3 个不规则的凹痕，其中两边的凹痕较大（图63）。

　　第 64 幅：岩面的左下方为一个由圆圈和方形组成的几何图形。该图形的右侧接连有一个长线条，上方又有一个半弧形，且这两个图形均用疏点敲凿的方式表现（图64）。

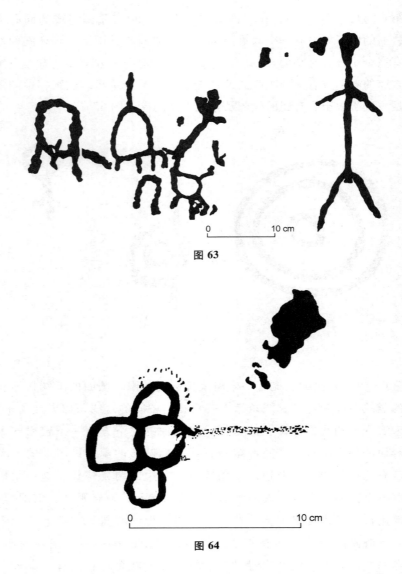

图 63

图 64

　　第 65 幅：画幅中表现的是一个下端略长的三角形。从刻痕上看，三角形的边缘刻痕并不规整，右上侧有接连的短线条，三角形内部亦有多个不规则的凹痕，其中两个凹痕面积较大，有点像人面像上的眼睛（图 65）。

　　第 66 幅：该岩画的核心构图为由四重圈构成的同心圆图像，其中从里面数第三个圆圈的下侧开口，且开口一端与外圈接连。另外，外圈的顶部有两个像犄角的短线条，下端又有两个像腿部一样的线条，左下侧还接连有两个略呈椭圆形的图像（图66）。

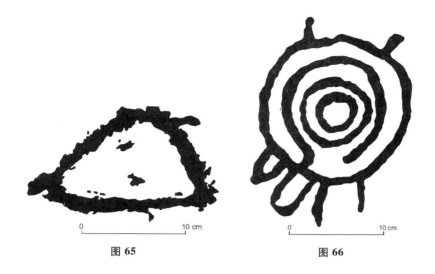

图 65　　　　　　　　　　　图 66

第67幅：这里用粗线条刻绘了一个"S"形的图形。"S"形图形的顶端又接连一个曲线条（图67）。

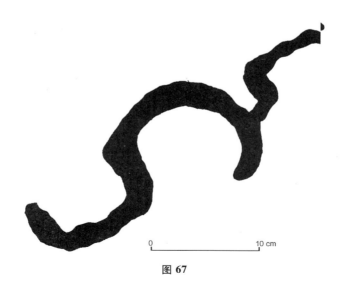

图 67

第 68 幅：该岩画中用轮廓法刻绘了一头牛的形象。牛的头部和身躯硕大，犄角短小而不失锋芒，尾巴不是很长，但却高高翘起，耳部表现得很小。有趣的是岩画中并未刻绘出牛的腿部特征（图 68、插图 48）。

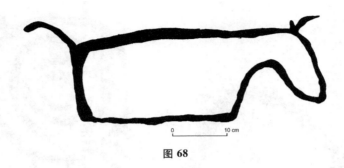

图 68

第 69 幅：该岩面上仅有一个用粗线条刻绘的圆圈形（图 69）。

第 70 幅：岩面的左上方是一个由双重圈构成的同心圆图像，犹如太阳。岩面的右侧有一头向同心圆方向奔去的牛形象。岩画中用轮廓法将牛的头部和躯体表现了出来，牛的腿部用短线条表示，尾巴较粗且略微翘起。牛的躯体内，在前胸的位置刻绘了一个不规则的凹痕（图 70）。

图 69   图 70

第 71 幅：岩画中刻绘了一个有着硕大的身躯和头部、细长的尾巴，看似像马的动物形象。动物的头部朝向岩面的右侧。该动物的颈背部上方有 10 个竖立的短粗线条，犹如修饰过的马鬃毛。该动物的前后腿都用笔直的线条表现，其中前腿的刻绘显得较长，后足部的毛表现得很清楚。且在足部的旁边另外还刻绘了蹄印和 3 个凹痕。在动物

的上方又划刻了很多杂乱无序的细线条。在该类似于马匹的嘴部下方
也划刻了很多条连接在一起的长短不一的线条，在颈部下方划刻了一
条特别长的线条（图71）。

第72幅：岩画中用粗线条式轮廓表现了一匹背部驮有物品的马形象。
马头朝岩面左侧，呈静态伫立状，有粗短的立耳，腿部用笔直线条表现，
尾部较短且下垂，腹部鼓起。在马的头部和颈部之间有一条将其分割的粗
线条。在马后颈上方马鬃的位置以下有一条下端略大的流苏状的图像。在
马的臀部前方有一条从脊背后侧到腹部后侧的竖线条。背部驮载的椭圆形
里面也有几条大小不一、形状各异的粗线条。另外，在马的腹部亦有呈叠
压打破关系的动物形象，似为牝鹿，其背部上方的图像也与一只北山羊的
形象呈叠压打破关系。马的胸部前方也有一个晚期刻绘鹿形象（图72、插
图43）。

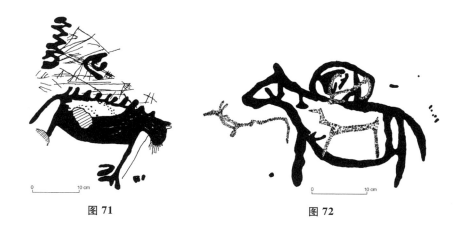

图71　　　　　　　　　　　　　　　　　图72

第73幅：中间有一个圆点的圆圈形。圆圈的下端有一条向外侧延伸的
短线条。该图形可能有表现太阳的寓意（图73）。

第74幅：岩画中将人的头部用圆圈表现，将脖颈及背部用直线条表
现，将臀部用内部有三角形的凹痕表现了出来。将腿部用直线条简略表
现。人的两臂则用向前延伸的直线条表现了出来，并在其上方刻绘了两条
长线条。该线条与人的手臂相连形成一个交叉线。其左侧为内部有两条粗
线条的圆圈。圆圈的右下方有一条略呈弧形的粗线条。简略人形的胯部有
分叉状线条，看似像是佩戴在腰部的武器类物件。在上述长线条的一端又

刻绘了一个圆圈。与人的左腿连接处刻绘了一个长尾、短腿的动物形象。人的右腿旁边有一个小圆圈，圆圈右侧的岩面剥落残损，圆圈的上方是一个波幅对称的波浪线。用粗线条刻绘的波浪形图形看似蛇的形象（图74）。

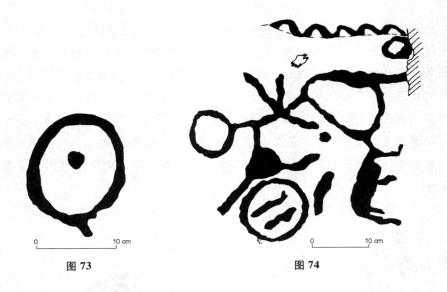

图 73   图 74

第 75 幅：岩画主要表现对象为一个简略的人形，人的头部特征不是很明显，顶部呈大犄角状，脖颈粗而长，腹部鼓起，双臂在身躯的两侧呈自然下垂状，两腿开叉外撇。人形的裆下有一个大的圆形凹痕，凹痕的外侧有一个下端未闭合的圆圈形（图75）。

第 76 幅：岩画画面中有一个人形。人的头部为通体刻绘的圆形凹痕，颈部、身躯及男性生殖器等用一条粗长的线条表现，左臂平伸，右臂由肘部下弯并接连到叉开的双腿上。人形的左侧有一条较粗的竖线条，且线条的下端与两条略呈平行的线条相连。该图像看似像尚未完成的人形岩画（图76）。

第 77 幅：岩面的上方有两臂平伸、双腿叉开站立的简略人形。其下方为一条略为弯曲的蛇形线条。再下方则是右端相连的两条短曲线。岩面的左下方为一个内部有小圆点的圆圈形，圆圈的上方接连有一个像尖顶帽的图像，下方则接连有一长一短两个线条（图77）。

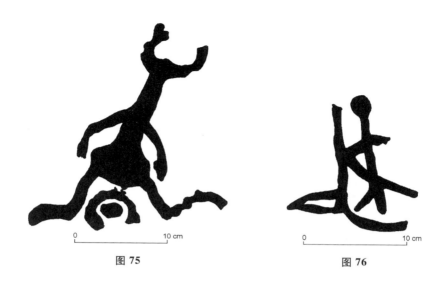

图 75　　　　　　　　　　　　　　　　　　图 76

　　第 78 幅：岩面的中上方有一个横向长的长方形，且长方形的内部有等距离的三条竖分割线。该长方形的左上方有一个未接连的粗竖线，右上方接连有两个短的竖线条。此外，在该长方形的左下、右下及中部的下方又各接连有一个短的竖线条。长方形中部下方竖线条的下端又接连有一个圆圈形，圆圈形的下面接连有一个长的竖线条。上述圆圈的左、右两侧各有一个动物形象。左侧为一个头部与圆圈形相连的北山羊形象。该北山羊头部特征不明显，后腿为直线条，腹部有一个两端弯曲的竖线条穿过。右侧为一个北山羊形象。北山羊有着向后弯曲的大犄角，背部上面有一个略为弯曲的粗线条（图 78、插图 45）。

　　第 79 幅：岩面的中央为一匹马的形象。马的头颈部分和四肢用通体刻绘法制作，躯体则为轮廓法表现。马的头部不是很大，耳朵小而竖立，颈部细长，长尾自然下垂，四肢刚劲有力。马的前方有一看似狼一般的简略动物形象。该动物的躯体细长，头部有两个长长的立耳，前腿细长且叠压在马的颈部。岩面的右侧，在马的后部有一个用疏点敲凿法制作的十字形。岩面的左侧有一些不规则的凹痕（图 79）。

　　第 80 幅：岩面的中部是两条粗线条组成的十字形。在十字形的四个角隅内均有三个不规则的凹痕。该岩画构图很像某种博弈类游戏的棋盘（图 80）。

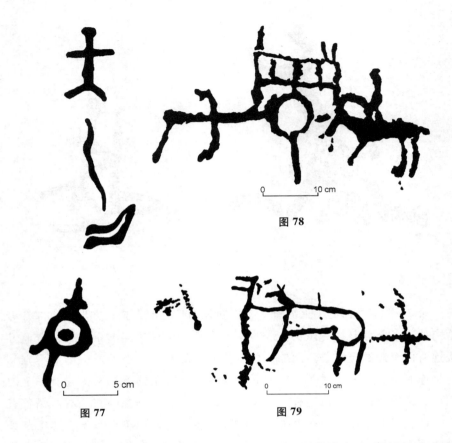

图 78

图 77

图 79

第 81 幅：岩画中表现了一个简略的人形。人的头部、颈部及身躯都显得非常硕大，且连成一片。人的身躯呈倒三角形，而腹部却显得非常细小，两臂则粗大而呈平举状。腿部粗壮而呈开叉状，男性特征明显。人形的下方有两个小的圆形凹痕、一个较大的圆形凹痕及一个短的粗线条（图 81）。

第 82 幅：岩面上表现了 1 只小鹿和大小 8 只北山羊的形象。上述动物的头均朝向岩面右侧。岩面的右上侧为 3 个印记符号的图形。岩面的左下方另有一个一端呈“丫”字形分叉的蛇形线条和一个难以辨认的不规则图像。画面左下方最大的一只北山羊为轮廓式造型，且刻痕较浅。其他动物形象则均采用通体刻绘法制作。印记符号中的 2 个为有双弯钩的圆环形印记符号。而且，其中左侧印记的一个弯钩的末端接连有一个直线条。其左下方则有一个呈锐角弯曲的弧形（图 82）。

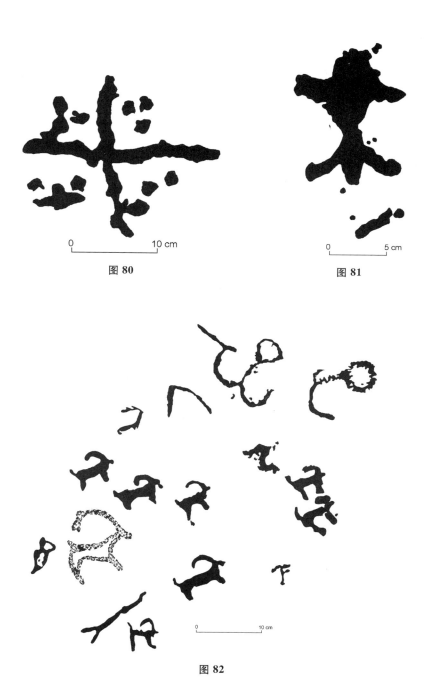

图 80

图 81

图 82

第83幅：在该岩面的上方有两个简略的人形。上方人形的头部为小圆圈，头顶有竖立的头饰。其脖颈处呈细长的圆圈形，躯体则为相对较大的圆圈形，胳膊和腿部则用短线条表示。下方的人的头部则为大的圆圈，圆圈顶部有两个短线条，两侧下方亦有两个短的线条。这些短线条可能是表示发辫和耳部的特征。人的脖颈和躯体则由粗的长线条表示。再下方有一个特别的图像，图像的中间是一个通体刻绘的圆形凹痕，凹痕的外围有呈放射状分布的多个长短线条，其中上方有2个、下方有1个长线条，左侧有7个、右侧有4个短线条。该图像所表现的意义还不甚明了。岩面的左下方有一个简略的人形，其头部为圆圈，躯体、单臂及膝部内弯的腿部均由粗线条表现。人的胸前亦有一斜线，可能为某种武器。岩面的右下方有一个凹面朝上的弧形线条（图83）。

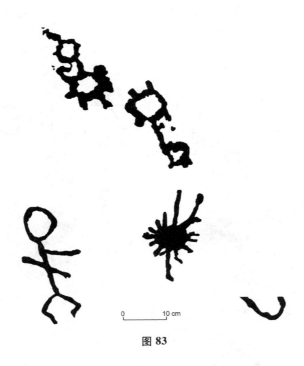

图 83

第84幅：岩面的左上方是一个朝岩面右侧展翅飞翔的鸟形象。其右下方是一个由倒三角形和长的竖线条组成的几何图形，长线条将三角形竖向一分为二，且下端又长出很多。该图形的右下方为一个简略的人形。人的头部为大的圆形凹痕，脖颈及身躯用笔直的粗线条表现，双臂平行且肘部弯曲上举，腿部叉开略呈罗圈腿状。更有趣的是在表现人的腿部时，将足底部分用弧形线条相连，形成了一个圆角三角形（图84、插图35）。

图 84

第85幅：该岩画中主要表现对象为一匹体型较大的马匹。马的头部细长，耳朵细长竖立，额头上用一端弯曲的长线条表现了修饰过的毛发，颈后用呈排的短线条表现了鬃毛。马的颈部显得纤细而刚劲有力，身躯膘实、纤细，腿部为细线条。马的头颈及前胸部分用通体刻绘的方法制作，腹部及臀部则用轮廓法表现。同时，在腹部和臀部的空白处又添加了一些不规则的凹痕。马的背部上方有一条用疏点敲凿的竖线条。在马的腹部下方，即前后腿之间亦有不少不规则的凹痕。岩面的最下方有一只张着大嘴、头朝右侧前行的狗的形象（图85）①。

第86幅：该岩画中表现了简略的人形、鹿或狍子一类的动物、印记符号等20余个图像。岩面的左上方为互相有一定距离的两只鹿或狍子一类的动物。这两个动物一个用通体刻绘，另一个则用轮廓法制作。左上角用轮廓法制作的动物的前腿处有两条竖线条纹饰。这两只动物均为背

---

① 从该动物的尾部及整体躯体的特征上观察，很可能不是狗，而是马的形象。——译者注

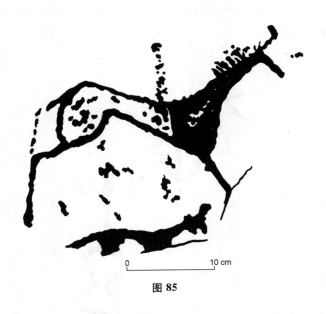

图 85

部朝下，腿部朝上，与其他图像的方向不一致。画面的左侧有一个很小的人形，头部用内部有竖线条的圆圈表示，且头向朝岩面左侧，四肢及躯体均由细线条表现，肘部弯曲上举，腿部由膝盖处弯曲呈外撇状。其右侧又有一极为简略的人形，头部亦为中间有竖线条的圆圈，且头部朝左，足部朝右，与岩面呈平躺状。人形的头顶部有分叉的头饰类特征。该人形的脖颈及躯体为细线条，腿部由膝盖处直角弯曲呈马步状，裆部有男性生殖器，两臂为短线条，腹部有两个椭圆形。该人形图像的右侧，一条腿的下方又有一个独特的人形岩画。该人形的头部也是用大的圆圈形表现。人形的头部朝上，内有"丫"字形线条，且"丫"字形的下端有平行的竖线条。画面中将人的脖颈及身躯用长的竖线条表示。竖线条的下端向左上方弯曲延伸为长弧线。弧线的左侧有三条接连的短线条，可能是表现了人的双腿和男性特征。该人形下端表示腿部的竖线条与前面的人形的足部相连。

　　在上述人形的右侧又有另一个人形图像。该人形的头部朝岩面的右上方，足部朝左下方。两臂由肘部向上弯曲，两只手上均表现有三根手指。头部为小的圆形凹痕，颈部及躯体则为笔直的长线条。其腿部则较为特别，一腿为外撇的曲线条，且曲线的另一端有分叉，另一条腿则为笔直的短线条，且线条的末端有刻绘较为规整的圆圈形。该人形的右侧，手的旁边有一短线条，线条的左端有小圆圈和芒刺状的短线条。再下方则有两个短线条及不规则的凹痕等。这些图形的右侧则是又一个简略的人形图像。该人形呈平躺状，头部及躯体为直线条，头部朝岩面左侧，头的侧面有芒刺状短线条饰。在表现人的手臂、双腿等时，采用了在躯体的两侧刻绘成对的左右分叉的斜线条的表现手法，整体造型犹如松树的枝杈。有趣的是在表示人的手臂的一条斜线的末端又有了分叉。

岩面的下方有一条呈带状分布的岩画图形。其中，最左侧的是一个内部有短线条的弓形弧线。其右下方是一个由双弧线和十字形组成的图像，可能为人的简略形象。再右侧则是一个由倒"丫"字形和十字形组成的简略人形。简略人形的右侧有两个头对头像鹿的动物形象。其中，左下方动物的腹部下方有略呈三角形的刻痕。该图像的右下方则有两个上下套在一起的锐角折线。其右侧则是一个短的曲线条（图86）。

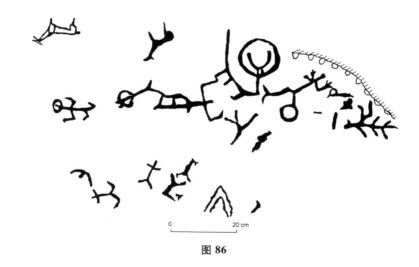

0   20 cm

图 86

第87幅：岩面的上方是一个由圆形凹痕和粗线条组成的勺形图像。其下方有一个刻绘潦草的动物形象，动物虽然采用的是通体刻绘，但头部和躯体的边缘刻绘并不规整，形成尚未完成的疏点刻绘效果。从动物的躯体及尾部特征来看，很像是北山羊一类的动物（图87）。

第88幅：岩画中刻绘了一个巨大的、难以辨认的图像。该图像当中有三处不规则的未刻绘的留白岩面，此外均采用通体磨刻的手法制作（图88）。

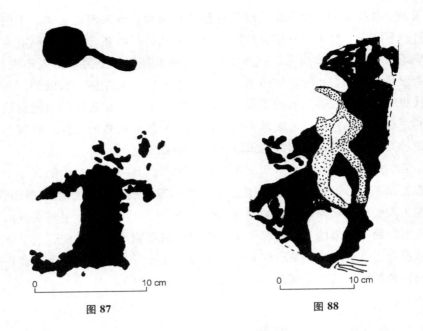

图 87   图 88

第 89 幅：岩面的上方有一个简略的人形。人的头部特征较为独特，为外围有 8 束光芒状短线条的圆形凹痕。人的脖颈、躯体及男性生殖器则用长的粗线条一笔带过。在人的躯体的两侧各刻绘了 3 条短线条，其中下面的为斜线条。该人形的左侧有一个由弯钩状曲线条和圆圈组成的印记符号类图形，右侧有一个由直线条和圆圈组成的印记符号类图形。这些画面的下方有用粗线条刻绘的两大一小三个简略的人形。两边的两个较大人形的男性特征被明显地表现了出来。其中，左侧人形的两臂由肘部弯曲上举，且头部的后侧有发辫状的刻绘线条，右侧手臂下方有一圆形凹痕。中间人形的左臂由肘部下弯，右臂与其右侧人形肩膀相连。三个人形的左侧较远处有一个短粗的曲线。其下方则为一个由双重圈组成的同心圆图形，且外圈的外侧有 8 根光芒状的线条，其中两条较长。此外，画面的右下方亦有一个由四个圆圈形组成的几何图形及一个短粗的线条（图 89）。

第 90 幅：画面中是一个由横线条和竖线条组成的折角形图像。图形的折角处刻痕较粗大，且有一条向内侧延伸的粗短线条。横线的下方有两个不规则的小凹痕（图 90）。

第 91 幅：画面中有一个用粗线条刻绘的圆圈形，圆圈的上方有短的柄状粗线条。该图像的右上方有一个用细线条刻绘的曲线（图 91）。

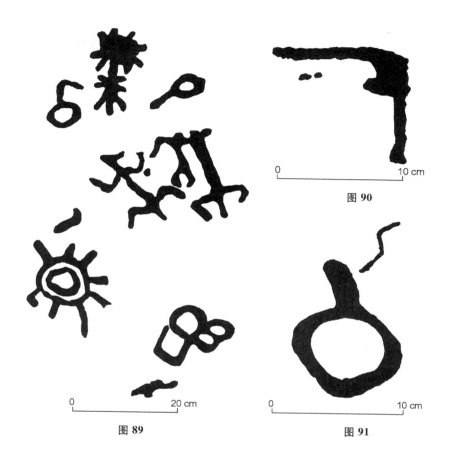

图 90

图 89

图 91

第 92 幅：该岩画中刻绘了两个动物的形象。岩面左上方为北山羊。北山羊的头朝上，有弧形的犄角，短小的耳朵，粗大的头部，细长的脖颈。该北山羊的腿部由直线条表示，而躯体则为轮廓法刻绘。北山羊的背部上方有一块看似树叶状的不规则凹痕。其右下方则为看似像绵羊的动物。该动物形象用轮廓法制作，动物的躯体曲线柔和，臀部圆润。可惜动物的头部特征没有刻绘出来。该动物颈部的左下方有一弧形线条（图 92）。

第 93 幅：岩面上刻绘了三只北山羊的形象。三只有着大犄角的北山羊均头朝岩面右侧，自上而下排成一列。其中，上面的两只为通体刻绘，下面的一只则采用了一种多重细线条划刻构图的手法制作。上面两只北山羊之间有两条较粗的曲线条（图 93）。

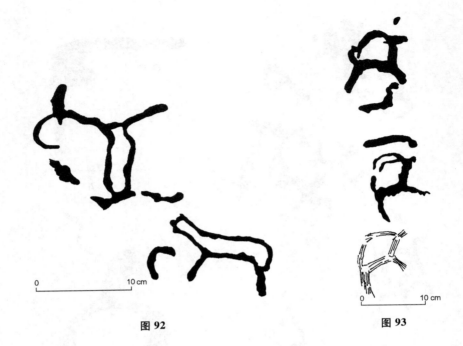

图 92   图 93

第 94 幅：岩面的上方有一个骑马人形，马的表现方式为通体刻绘，马的头向朝岩面左侧，腿部和尾巴用非常纤细的线条表现，马背上的人形则是用疏点敲凿出躯体、手臂和头部轮廓特征的造型。在该骑马人形的上方，约头顶的位置用疏点敲凿出了一条横向的波浪线。在该波浪线的右侧用粗线条刻绘了一个弯曲的蛇形线条。在骑马者的下方用通体刻绘的手法表现了头向对立的北山羊和鹿的形象。北山羊和鹿的形象表现得非常写实，其头部、耳朵、尾巴、胡须等都刻划得清晰可见。北山羊后腿的下方有一个上面有分叉状双线条的圆圈形图像。再下面则是一个有着两根稍稍弯曲的大犄角的北山羊形象。这只北山羊头朝岩面的左侧。北山羊的头部、胡须及两个乳头，或雄性的睾丸，都刻绘得写实逼真。北山羊的右上方有一条长长的粗线条。上述图形的下方有一个不太容易辨认的简略人形。该人形头戴尖顶式帽饰，造型像狼头，且帽形饰的右边有向上弯曲的曲线条，人的躯体为长的竖线条。在人形的躯干上有两个平行的线条，一个是人的双臂，另一个应该是佩戴在腰际的武器类物件。躯干的下方用一长一短分叉的两条短线条表现了人的腿部。人形的腰部左侧有三个不规则的小凹痕。再下方则是前后排列前行的两只北山羊。这两只北山羊的犄角紧贴背部曲线向后弯曲，并在角端处略微上翘。在岩面的最下方是一个骑马者。马的头向朝岩面的右侧，马和人的形象均采用通体刻绘的手法表现。虽然，将马竖立的双耳、微张的嘴部、长长的生殖器以及尾部和四肢等都表现得很清楚，但马的整体构图并不生动灵活（图94、插图46）。

图94

第 95 幅：岩画中将人的躯体用一个长长的粗线条表现了出来，双臂由肘部弯曲上举，略呈"W"形，两只手各有三根手指。人形的胸肩处有一长线条，似为兵器类器物。在人的腹部位置，躯干的两侧各有一个略呈椭圆形的图形，且内部均有一个不规则的凹痕。腿部略呈罗圈状，裆部用粗大的长线条表现了男性生理特征。与人的左腿相连，依次向右接连刻绘了三个圆圈形，与右腿相连在右侧刻绘了一个有点像人形的难辨图像（图95）。

第 96 幅：岩面上刻绘的是一个人的形象。头部为小的圆形，颈部细长，躯体为与颈部相连的略微弯曲的长线条，腿部相对较短且呈劈叉状，双臂自肘部弯曲上举，双手各有三根手指（图96）。

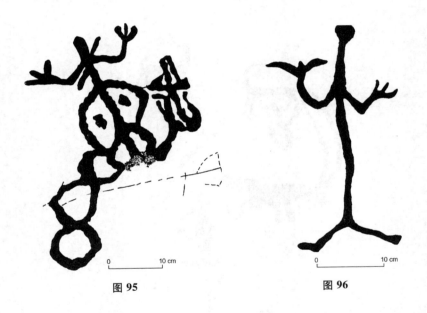

图 95　　　　　　　　　　　　　图 96

第 97 幅：岩面的左侧为一个与圆圈相连的直线条图像。岩面的右侧则为一只北山羊的形象。北山羊有着向后弯曲的大犄角，羊头略呈嘴部尖凸的楔形，尾部细而上翘，睾丸下垂，两腿笔直且后腿后侧有小的凸起部分，前腿的蹄部用圆形表现（图97）。

第 98 幅：这幅岩画中有一个表现独特的动物形象。该动物的头部异常硕大，拉长嘴脸，张开双唇，抬起的尾巴与脊背平行，腿部粗大且显得刚劲有力，蹄部向内侧弯曲。动物的躯体部分采用轮廓式造型，而头部则为通体刻绘（图98）。

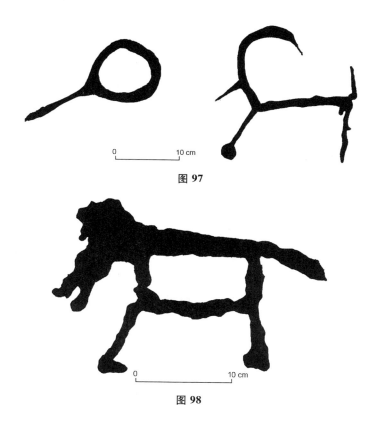

图 97

0　　　　　10 cm

图 98

第 99 幅：该岩画中用细线条刻绘出了一只北山羊的轮廓图。北山羊的犄角和尾部都显得纤细而高挑，身躯的线条圆润、修长（图 99）。

第 100 幅：该岩画中，岩面的左上方是一个头向朝右的简略人形。用粗线条刻绘了人的躯体及四肢，胳膊由肘部弯曲下垂，腿部叉开。有趣的是人的两只耳朵也被清晰地表现了出来。人形的下方和右侧各有一个头向朝左的北山羊形象。另外，在右侧北山羊的前腿下方刻绘了两个相连的圆圈形。岩面的右侧刻绘了一个类似于"G"的图形，只是里面的横线条要略长一些（图 100）。

第 101 幅：岩画中有一只头朝左上方的北山羊形象。北山羊的刻绘较为粗糙。

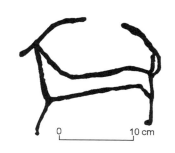

0　　　　　10 cm

图 99

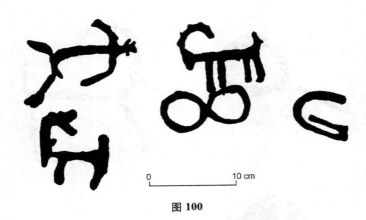

图 100

北山羊的右侧有两个横线条。其中，上面的细线条很像是一支箭（图 101）。

　　第 102 幅：岩画中表现的是一匹马的形象。用粗线条刻绘出了马的大体轮廓。马的双耳长而前伸，翘起的粗尾巴与背部平行，前后腿用笔直的竖线条表示。马的右侧有一个略呈"丁"字形的凹痕（图 102）。

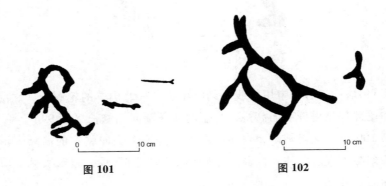

图 101　　　　　　　　　　　　图 102

　　第 103 幅：岩面上方有个内部有三条平行分割线的圆圈形。该图形的左侧有一个大的折角线条，右侧有个小的同类图形。上述图形的下方有 5 只北山羊的形象，其中上面两只头朝左侧，下面的三只则头朝右侧，且四肢朝上（图 103）。

　　第 104 幅：岩面的上方为一个头部朝岩面左上方的马匹形象。马头上方有长长的顶鬃或脑门鬃，马的嘴脸部分纤细，脖颈细长，腹部收起，长尾，背部略呈凹弧状，后腿略弯曲，整体造型显得非常华美。马的后面有

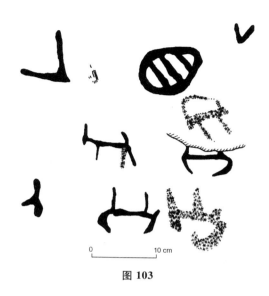

图 103

2 只同方向前行的北山羊，再下方则有 4 只同向前行的北山羊形象。北山羊的刻绘风格较为写实，且构图手法基本一致。下方北山羊的后面有一个没有完成的动物躯体部分。岩面的左下方另有一只头朝上方的北山羊形象。需要说明的是，在这些岩画的下面另有被这批岩画叠压打破的早期岩画，岩画形象已经变得模糊不清，难以辨认（图 104）。

第 105 幅：岩画中所表现的是一个简略的人形。人形的左臂由肘部向下弯曲，右臂略为上抬，腿部呈马步状，无头部，脖颈、身躯及超长的男性生殖器等用一条笔直的长线条一笔带过。另外，该岩画中同样在人的胸前表现有一条与右手臂平行的向右侧延伸的粗线条（图 105）。

第 106 幅：这幅岩画中所表现的内容虽然很多，但图像构图却较为简略。在岩面的中心位置有一个表现独特的人形。人的头部为椭圆形轮廓，头顶上有两个犄角状的短线条，身躯为内部有竖分割线条的大半圆形，半圆形身躯的上方有两条表示手臂的短线条，腿部位于半圆形的下侧两端，为稍稍向内弯曲的短线条，半圆形的中下方用短线条表示了男性特征①。简略人形的上方有长短不一的 4 个像弯钩形或像弧形的线条。人形的左侧

---

① 人形的身躯还可能是内部有十字交叉线条的圆圈形。人的腿部则没有刻绘出来。——译者注

图 104

有一个像人头部特征的圆圈形，且圆圈的左下方有一长一短两个连接的线
条，其下方有一个短线条，再下方则是一个上方接连有短线条的圆圈形。
简略人形的右侧有一个梯形围栏，梯形旁边连着一个圆圈形，圆圈的顶
部接连有一个不太规整的"丫"字形图像，梯形的左下方则连接有一个
弯曲的粗线条。梯形岩画的右侧则有一个上面接连着短线条的圆圈形，
圆圈形的下方接连着长的竖线条。上述两组图像下方的岩面剥落残损。
若没有残存的情况，也许这两组图像很可能会是某个人形岩画的一部分
（图 106）。

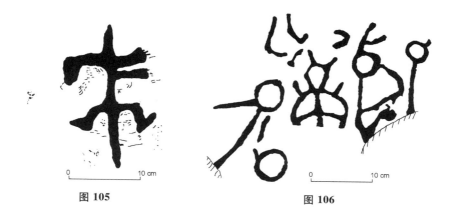

图 105　　　　　　　　　　　　　图 106

　　第 107 幅：岩画中表现的可能是一个未完成的动物形象。岩面上只刻绘了该动物的后腿、短小的尾巴末端部分、胯部及背部的后端等（图 107）。

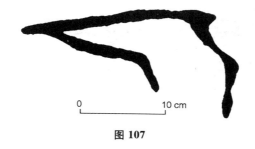

图 107

　　第 108 幅：画面中有一个由左端略大的粗线条及其中部向右上方延伸的斜线条组成的图形（图 108）。

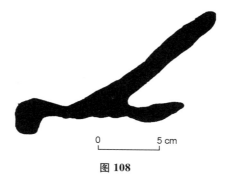

图 108

　　第 109 幅：岩面的左侧是一个通体刻绘的略呈圆形的大凹痕。在该圆形的左部有一个下端宽大、上端细小的长线条叠压刻绘，且下端长出不少，上端略微露头。该图像的右侧有一个非常特别的人形岩画。人形的头部为圆圈形，圆圈的左上方有两条犄角或发辫状的长线条，其中左侧线条的末端因岩面的剥落而残损。人的身躯用较粗较长的竖线条表示，且在该竖线条上刻划了十字交叉的 5 条横线，其中最上面的横线相对较长且右侧末端向上弯曲。在岩面的右上方有一个像鹿一类雄性动物的形象，但没有刻绘出它的犄角和尾巴（图 109）。

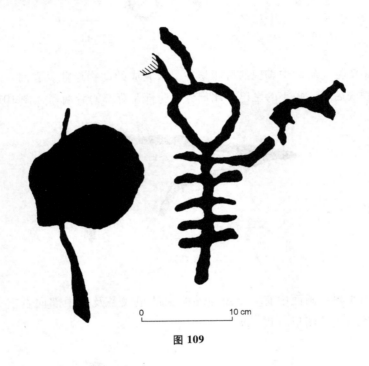

0　　　　　　10 cm

图 109

　　第 110 幅：画面中是一个双臂平伸的人像。人的头部用通体刻绘的圆形凹穴表示。头部的左上方有一条像是扎起来的辫子一类的东西。人的身躯由笔直的粗线条表现，臀或胯部则由圆圈形表示。平伸的双臂下方各有一个圆点（图 110）。

　　第 111 幅：岩面的左上方有一个中心有圆形凹穴的圆圈形。圆圈的上方有三条短线条，每个短线条的末端各有一个圆形凹穴。圆圈的下方则有一长一短两条向左侧延伸的短线条。上述图形很可能是表示有两条腿的太阳或与太阳有某种关系的类人形。在该图像的右下方也有一个类似的图像，但刻痕非常浅，仅为疏点刻绘的模糊图像。在该模糊难辨图像的左侧及上端另有 5 个简略的印记符号类的图形，其中 3 个是有短柄的圆圈形，1 个是椭圆形圆环，1 个则是末端略呈弯钩状的短线条（图 111）。

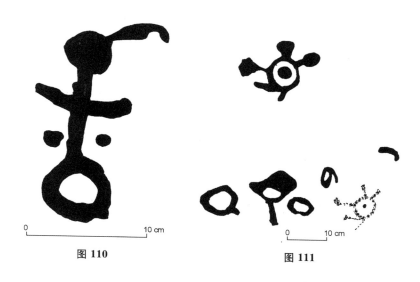

图 110　　　　　　　　　　　图 111

第 112 幅：该岩画的表现内容为有两条高大笔直犄角的北山羊形象。羊的头部朝岩面左侧。虽然，在刻绘北山羊时整体造型用单刻线构图法制作，但羊的脖颈部则采用了局部通体刻绘的方法表现（图 112）。

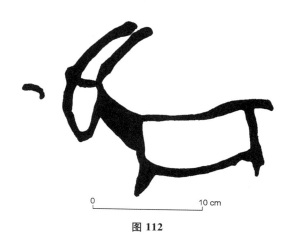

图 112

第 113 幅：画面中有三个并排而立的简略人形。其中，左侧两个人的头部为双重圈同心圆，身躯为粗的竖线条，双腿叉开，男性生殖器表现清晰。另一个人形的头部则为中间有圆点的圆圈形，身躯为短的竖线条，两腿呈劈叉状。岩面的右下方有个小的圆圈，圆圈的上方有一条长长的弧形线条，线条的另一端接连在中间那个简略人形头部的右上端。另外，在该弧形线条的上方有分叉的犄角状的线条和像动物头部的难辨刻绘痕迹，弧线的下方又接连有"丫"字形线条。上述弧形线条与其他图像的组合形式像也是一个抽象的简略人形。左侧人形头部的右方有一个倒三角形，其下端尖角处有一条短的竖线条。左侧两个人形的中间有两个圆圈形及一个短的竖线条（图 113）。

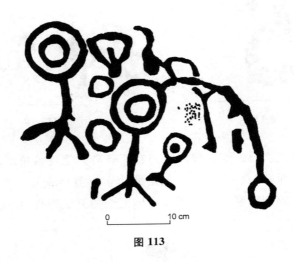

0   10 cm

图 113

第 114 幅：该岩画中有两个上部为圆形凹痕，下面接连有竖线条组成的图像。其中，左侧的图像小一些，右侧的图像则较大，且竖线条略有弧度。两个图像之间的距离较远（图 114）。

第 115 幅：岩画中表现了一个简略的人形。人的头部为小的圆圈，脖颈及身躯由笔直的直线条表示，腿部呈倒"V"字形岔立，在裆部位置用短线条表示了男性特征。岩画中看不到人的手臂部分（图 115）。

第 116 幅：岩画中表现了一个简略的人形。人的头部为小的圆形凹穴，身躯及腿部为粗的竖线条，一只胳膊臂由肘部向上弯曲，且手握短的棒状器物。人形的腰部左侧位置接连有一个一端粗大、另一端较细的棒槌状刻痕。① 人颈的右侧位置也连接有一个稍短小的棒槌状刻痕。② 在人形上半身的一侧看有大小不一的 4 个不规则凹痕排成一排（图 116）。

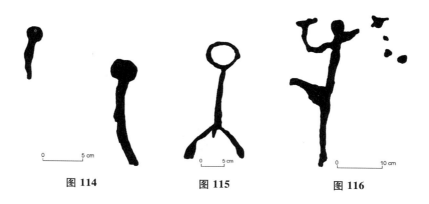

图 114　　　　　　　图 115　　　　　　　图 116

　　第 117 幅：岩面的左侧有一个用粗线条刻绘的简略的人形。人的前胸部分为菱形的轮廓式造型。人的颈部朝一侧微微倾斜，头部向右上方微微抬起。人的菱形身躯左上方有一条绕过其头部向上延伸的曲线条，可视为是人的一只臂膀。岩画中人形的右侧肩膀上方接连有竖立的尖状物。简略人形浑圆的臀部向左翘起，而与其对应的右侧位置则有一条尖状短线条。人的腿部则用一条笔直的长线条表现。该人形的右下方有三个下端接连有竖线条的圆圈形。在岩面右侧中部位置有一个内部有圆形凹穴的圆圈形，圆圈的上端有呈弧形排列的 6 条短线条和 1 个较大的棒槌状粗线条。圆圈的下端接连有两条像人双腿的平行线条。该图像的右下方有一条粗大的横线，但因横线条左端部分岩面剥落，岩刻画面有所残损。在上述内部有凹穴的圆圈形右侧另有一个较大的圆圈形，其上方有小的人形图像，右侧则是下端有长线条的圆圈形。该人形的头部为圆形小凹穴，双臂呈 "V" 字形上举，腿部略粗且呈劈叉状，裆部刻绘有粗大的男性生殖器。人形的左右两侧均有多个小凹穴。从整体比例上看，该人形要比画面中的其他图像都小很多（图 117）。

---

① 可能表现的是男性生殖器。——译者注
② 可能为向左上方平伸手臂。——译者注

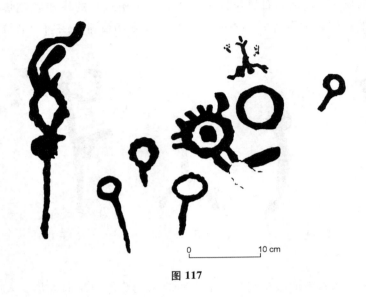

图 117

　　第 118 幅：该岩画中共表现了 7 个造型各异且刻绘极为简略的人形图像、5 个印记符号及一些小的圆形凹穴。岩面的右侧有两个体型高挑的人形。其中，右侧人形的头部为略呈圆形的凹穴，脖颈部分为中段有折角的平行竖线条，身躯则为笔直的长线条。长线条的末端有表现双脚或腿部特征的"丫"字形分叉状线条。人的一只胳膊由肘部向上弯曲，上面表现有三根手指，而另外一只胳膊则表现的极为含糊，只有一段短小的线条。人的腰部位置有一条细长的斜线，像是佩戴在腰间的武器。武器状图像的左上方有一个像某动物头部或犄角的图像。该人形的左侧为另一个高大的人。其头部为小的圆环。圆环的右上方接连有一条细长的线条，且该线条的另一端又与一条细长的横线条接连在一起。横线条的上方则有一些小的人形。上述第二个体型高大的人形的脖颈及身躯由上端较窄，下端略宽的粗线条表现。该人形的大腿部分为平行的竖线条，小腿部分则向外弯曲呈"八"字劈叉状。其胸部位置的左侧接连有末端有小分叉的粗线条，应该表现的是人的两条胳膊。另外，在人的胯部位置有一个鼓起的凸起的圆形，可能表示的是箭囊等器物（图 118）。

　　第 119 幅：岩画中有一个用粗线条刻绘的上下长，左右窄的椭圆形。椭圆形的内部有一条竖线条将其分为左右两个部分，竖线条的上端一直延伸到椭圆形的外沿，形成一个接连在椭圆形上端的柄状短线条。被竖线条分割成左右两个半椭圆的内部又有多个横向的分割线条，左半部分有 5 个横线条，右半部分则有 4 个横线条，椭圆形被分割成了 11 个小的独立单元。该椭圆形右侧的上部接连有一条向右下方延伸的长线条，长线条的另一端有一条短线条与其呈直角相连。另外，在长线条的上部，接近椭圆形的位置节生出一条似树杈状的短线条。整幅岩画图形所表现的寓意尚且不甚明了（图 119）。

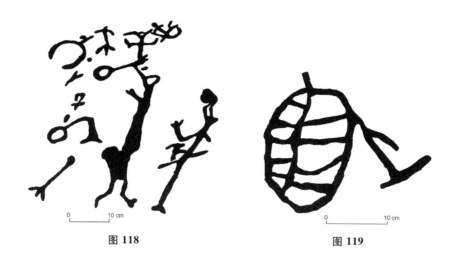

图 118　　　　　　　　　　　　　　　　图 119

　　第 120 幅：该岩画中表现了圆圈形、双重圈、内部有小凹穴的圆圈形、内部有小凹穴的双重圈同心圆、下方接连有一条或两条并行短线条（像人的两条腿一样的）的单圈或双重圈形图形、旁边有两个小凹穴的圆圈形、短线条、圆点等 20 余个图形符号。这些印记符号图形被有规律的排布或密密麻麻的镌刻在了岩面之上。这些图形很可能是在表现具有"太阳"形头部的成年人、儿童，以及有着两条腿的大大小小的太阳或星星。在岩面的左下方有一个圆圈形，其外侧有一下端开口的圆圈形。该开口圆圈的上端接连有短的柄状线条，右下端开口处外圈线条一直延伸到岩面下方，尔后形成一个弧形线条向岩面右上方延伸，末端与一个小的长方形接连（像在地上挖出的洞穴的剖面图）。岩面的右下方有一个像是没有表现头部特征的北山羊的图形。岩面的右上方则是一个用粗线条刻绘的简略人形。人形的头部中央有小的圆形，即刻意留出的没有凿刻的圆形岩面。用粗线条表现的人的脖颈及躯体下端有细线条表现的三叉形线条，应该表现的是人的双腿和男性生殖器。在用粗的斜线条表示人的双臂时，左臂略微向上倾斜，右臂则略微向下倾斜（图 120、插图 30）。

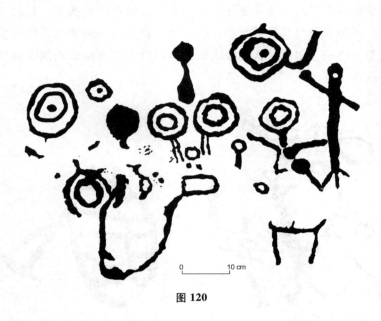

图 **120**

　　第 121 幅：岩面的上方有两个臀部相连，呈交媾状的简略人形。两人的双臂均呈一字形平伸状。两人的腿部相连且重叠在一起，看似像接连在一起的一对椭圆形。交媾人形的下方亦是一个简略的人形。其头部略呈椭圆形，高大的身躯用笔直的粗线条表示，身躯的右侧接连有自上而下排列的 3 个圆圈形，腿部呈罗圈状，看似像在行走的样子。该人形的一只臂膀呈平伸状，另一只则由肘部弯曲上举。人的胸部左侧接连有一个由圆圈形和棒槌状短线条组成的图形（图 121、插图 32）。

　　第 122 幅：岩面的左上方有两个极其简略的人形图像。其中，左侧人形的头部呈圆圈形，身躯为楔形粗线条；右侧的头部为圆形凹穴，身躯为略长的粗线条。简略人形图像的右侧有一个短线条和一个略呈椭圆形的凹痕。岩面的右上方则是一个简略的动物形象。岩画中只表现了该动物细长的脖颈及简练的粗线条刻绘的身躯和腿部。动物图像的下方有一个长线条（线条的中段有凸起的部分）和一个略呈圆形的大凹穴（图 122）。

　　第 123 幅：该岩画中表现了一个简略的人形图像。人的头部上方两条辫状物，一条又粗又长的线条向左上方延伸，另一条短小的线条则向右

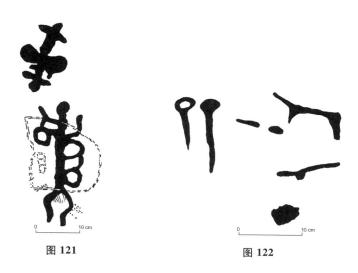

图 121

图 122

上方延伸。人的双臂呈"V"字形微微上举，且每只手上都清晰的表现出了 5 根手指。人的腿部呈倒"V"字形，裆部位置表现有向右上方抬起的棒槌状物，可能为男性生殖器（图 123）。

第 124 幅：岩画中有两个三重圈的图形。岩面上方三重圈的上端接连有一长一短两个细线条，右下侧亦接连有一条长线条，且线条的末端分为 4 个节叉。该重圈图形的左下方有略有弧度的长线条、半圆形弧线和小的凹痕等。岩面的下方是另一个三重圈图形。该重圈形的上端接连有两条并行的长线条。该三重圈图形的左上方则有一个中间有凹穴的小圆圈（图 124、插图 31）。

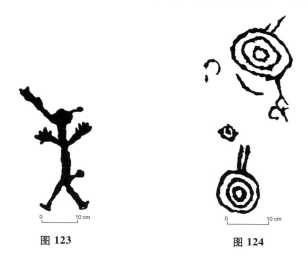

图 123

图 124

第 125 幅：岩面的左上方有一个椭圆形圈。① 岩面的中部有三个人形图像。其中，左侧和中间的两个人形为未完成的残作。左侧人形的头部为下端未闭合的圆圈形，躯体为边缘不规整的粗线条。中间的人形则只有躯体和腿部的特征较为明显。而右侧人形的刻绘则相对较为清晰可辨。其头部所戴帽状物的上端有盔缨状饰件，头部左侧有一个内部有竖线条的四边形。该人形的脖颈及躯体部分用粗线条刻绘，一只胳膊前伸手握长弓，另一只由肘部弯曲呈拉弓待射状，腿部短小且由膝盖处弯曲呈半蹲状，胯部佩戴有尾饰状物②。上述三个人形图像的左下方有一个简略的人形。该人形的双臂呈 "V" 字形上举，两腿呈倒 "V" 字形叉开。岩面的下方亦有一个略呈 "士" 字状的简略人形。其头部和躯体为粗的竖线条，平伸的双臂未长的横线条，呈劈叉状的腿部为短的横线条（图 125）。

0　　　　　　10 cm

图 125

_____

① 线描图中未见该椭圆形圈。——译者注
② 也可能是表现了男性生殖器。——译者注

　　第 126 幅：该岩面上仅有一个通体凿磨刻绘的略呈圆形的大凹痕。（图 126）

　　第 127 幅：该岩画中表现了一个头部为小的圆形凹穴，脖颈部分极为细长，躯体为笔直的短线条，手臂平伸略上举，双腿呈"一"字形劈叉状，右侧腿足部分"丫"字形分叉，男性生殖器用短线条表示的简略人形（图 127）。

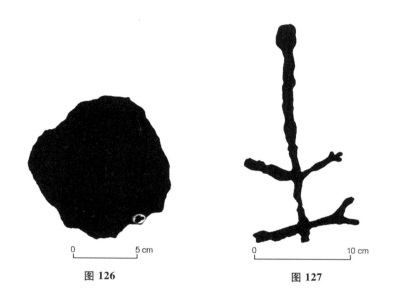

图 126　　　　　　　　　　　　　　图 127

　　第 128 幅：岩面的上方是一个太阳形图像。该图形由小的圆圈形和接连在其外沿的 6 条短线条组成。太阳形图像的下方是一个极其简略的人形图像。人的头部为圆圈形，脖颈、躯体及腿部由粗线条表示，未表现双臂部分。人的右腿（不排除所谓的右腿为男性生殖器）的下方接连有一个大的圆圈形。大圆圈内部的左上方位置，即与所谓人的腿部相连的位置有一个小的圆圈形。大圆圈的左边外侧又接连有一个略小的圆圈形（图 128）。

　　第 129 幅：该岩画中表现了一个左手牵着太阳形图像的简略人形。人的双腿呈倒"V"字形叉立，双臂伸展略上举，右手上明显表现有 3 根手指（图 129）。

　　第 130 幅：岩面的上方是一个由线条、圆圈形和四边形组成的图像。略呈长方形的图形上方相连有一个圆圈形，圆圈形的上方接连有一条长长的竖线条。该图形的左上方有一个略呈三角形的凹痕。上述图形很可能表示

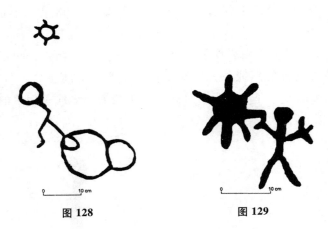

图 128   图 129

的是一个极其简略的人形图像。岩面的下方是一个整体略呈矩形的图形。矩形图形的内部从左到又依次有折角曲线、圆圈形，以及两个竖线条。折角曲线的上下端接连在矩形的左上角和右下角的位置。矩形图形的下方有两个像器物足部一样的短线条。该图形整体上像是从侧面表现的某种动物的形象，亦或可能是从上面俯视的某个房屋建筑的平面布局图（图 130）。

第 131 幅：该岩画中表现了一个简略的人形。人形的头部略呈椭圆形①，双腿呈倒 "U" 字形叉立，男性生殖器表现的格外巨大。人的躯体为笔直的粗线条，且粗线条的上端向左侧延伸并下弯，形成一个折角形②（图 131）。

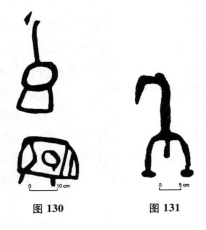

图 130   图 131

① 从线描图上看头部特征并不明显。——译者注
② 该折角形可能是人的一只臂膀。——译者注

　　第 132 幅：岩面的中部是一个用粗线条刻绘的圆圈形。圆圈的顶部接连有 4 条竖线条，下方则接连有一条笔直的长线条。长线条的两侧各有一个略呈长方形的图形，且每个长方形的中部均有一条竖的分割线条。同时，左侧长方形的左边竖线条和右侧长方形的右边竖线条均为上下延伸的长线条。这两条长的竖线条与圆圈形下端接连的长线条呈并行状。此外，在左侧长方形的下方另有一个倒"V"字形的图形（图 132）。

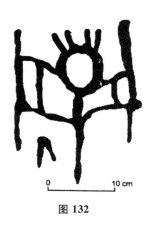

0　　　　10 cm

图 132

　　第 133 幅：该岩画中刻绘有 2 个简略的人形及 10 多个各种类型的图形符号。岩面的左上方是一个双臂展开、腿部略呈罗圈形的男性形象。其右侧是一个躯体略呈半圆形，有 4 条长腿的动物状图形。该图形的右上方亦有一个简略的动物形象。上述有 4 条腿的动物状图形的右下方（接连在其右侧腿状竖线条的下方）又有一个简略的动物图形。该简略动物图形的主体部分为横线条的上方接连的 6 条短的竖线条，横线条的两端向下方延伸，并形成一个巨大的"U"字形。且"U"字形的底部内侧有一条短的竖线条。其下方再又接连有一个不规整的圈状图形。该圈状图形的内侧及左侧均有几条长的曲线条。其中，圈状图形左侧线条的上端为略呈椭圆形的小凹穴。而圈状图形的右侧则刻绘有一个人的形象。该人形的双臂由肘部略为上弯呈展开状[①]，脖颈纤细，胸部窄小，臀胯部较大略呈菱形，整体线条柔美苗条，女性特征明显。另外，该人形的头顶处用细线条表示了盔缨或发辫状饰物。在上述图形的下方有自左上侧向右下侧排成一行的 5 个不

──────────

　　① 同岩面左上方的人形。——译者注

同的图形符号。最左侧的第一个图形是上端接连有 5 个短线条，内部有 1
条竖分割线的倒三角形。第二个图形是一个钝角三角形，其下端钝角处重
叠有一条短线条。第三个图形是一个双重圈。双重圈的左侧接连有两个粗
线条刻绘的"Π（下端不闭合的"口"）"字形的线条和一个粗线条。第四
个图形是双重弧形线条。第五个图形（最右侧的图形）亦是一个倒三角
形。倒三角形下端尖角处有一条短的竖线条（该线条将尖角一分为二）。
在三角形的内侧，有一条与上端边线平行的波浪形线条，右上角的外侧接
连有短一条短线条，左上角的外侧则又接连有一个略呈三角形的图形，且
其下端钝角处有一条短线条。岩面的下方有一排共 4 个倒三角形。其中，
最左侧图形的上方有一个由小凹穴和短线条组成的图形，右数第 2 个图形
的上方有一个下端接连有竖线条的椭圆形。上述 4 个倒三角形的下端钝角
或尖角处均有一条短的分割线条。另外，纵观整幅岩画共有此类下端有短
的分割线条的倒三角形 9 例。所以，此类倒三角形的寓意值得进一步分析
解读（图 133）。

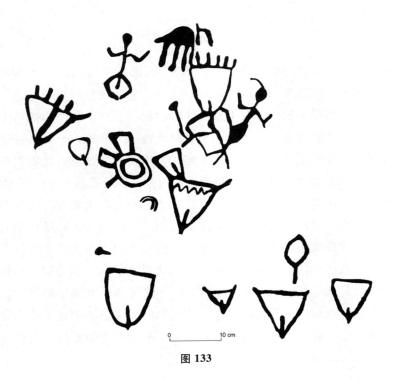

图 133

　　第134幅：岩面的左上方有三个排成一行的半圆圈形。其下方是一个表现风格较为独特的动物图形。该动物的头部、胸肩部及臀胯部各有一个小的圆圈形。该动物的头部位置（表示头部的小圆圈）的上方有一条笔直的犄角状细线条，胸部位置的下方接连有两条表示前腿的细线条，臀胯部位置的下方亦接连有两条表示后腿的细线条。该动物前腿的下方接连有一个大的圆圈形。该图形所表现的极有可能是牛的形象，或者也有可能是用圆圈形表现了腿部特征的简略人形。动物图形的左下方有一个用短线条串联在一起的圆形凹穴和小圆圈形。动物图形的右下方另有一个由圆圈形和"丁"字形线条组成的图形。岩面的右下方有一个头上佩戴有牛角式面具的简略人形。牛角式面具的两个犄角中间还有凸起的饰物。该简略人形的左臂末端看似有三根手指，小臂下方有一个尖状物。人的脖颈右侧有一个"丫"字形线条，其分叉的上端与钩状，下端与一个圆圈形相连。头部下方接连有一条长的粗线条。长线条的左侧接连有一个小的圆圈形。岩面的左下方则有一个上部分略呈方形，下部分略呈圆形的不规则图形。该图形的内部有一横一竖两条交叉线条，将图形分割成了四个部分（图134、插图33）。

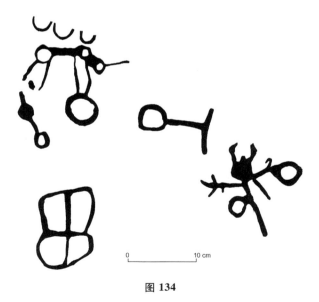

图 134

　　第135幅：该岩画中表现有两个体型硕大的动物形象。岩面上表现的两个动物呈上下排列。上面的动物头部巨大，足尖或爪部呈三叉状。虽然，因岩石表面的脱落，现在只能看到其头部、前胸及前后腿的局部特征，但从整体形态上观察，该动物很可能是属于豹子一类的动物。岩面的下方亦有一个体型硕大的动物形象。其头部上方有两根尖角翘起的大犄角。犄角的形状虽呈弧形，但又有别于北山羊的弧形大犄角。该动物的双耳短小而尖立，颈部下方有两个肉瘤状物，躯体长挺雄壮。其臀部上方接连有两条向上竖立的两条短线条（像颈部下方的肉瘤状物）和两条并行的长线条（像野山羊高耸的犄角）。其中，臀部上方两条并行的长线条可能表示的是其尾部的特征（图135、插图34）。

图 135

第 136 幅：岩面的左上方有一个小的心形（桃形）凹穴，凹穴的下方接连有细长的竖线条，线条的两侧有两个小圆点（像眼睛），线条的下方则有一个小的弧形线条（像嘴）。整体来看，上述图形像是表现了一个没有轮廓线的简略人面像。人面像的左侧有一个圆形凹穴，下方有两个由圆形凹穴和接连在其下方的长线条（或楔形线条）组成的图形，右上方亦有一个由圆形凹穴和线条组成的略呈勺形的图形。岩面的右侧有一个由多条弧线和直线刻绘而成的内部有 8 个圆形或方形分割单元的几何图形（图136）。

第 137 幅：该岩画中表现了看似像一男一女的两个简略人形和一个太

阳形的图形。刻绘在岩面中部的人有着大的圆形头部，颈部略长，腹部纤细，臀部略呈椭圆形，腿部为两条笔直的细线条，略显短小的双臂呈平伸状展开。该人形颈部的左侧有一个由圆圈形和接连在其外沿的 12 条长短不一的线条组成的太阳形图像。该人形的右侧则为第二个简略人形。右侧人形的头部位置有个小的圆环，躯体为笔直的长线条，双臂伸展略呈"V"字形，腿部叉开，胯部位置看似身着有裙袍类有下摆的服饰，腰际似佩戴有一端呈弧形（钩状）的武器械具（图 137）。

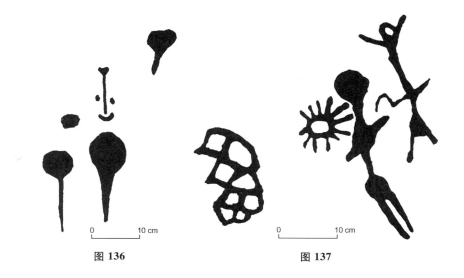

图 136　　　　　　　　　　　　　图 137

　　第 138 幅：岩画中表现了一个简略的人形。人的头部为圆形凹穴，脖颈纤细，两条细长的胳膊向两侧伸展并微微上举，腿部呈倒"V"字形叉开（图 138）。

　　第 139 幅：岩面上有一个大的倒"U"字状弧形线条。弧形线条的内侧偏下方有一个刻痕潦草的竖线条（图 139）。

　　第 140 幅：岩画中表现了两个用粗线条刻绘的简略人形图像。两个人形的双臂均呈肘部弯曲上举状。其中，上方人形的左侧小臂部分刻痕不明显（图 140）。

　　第 141 幅：岩画中刻绘了一个身材高大的简略人形。该人双臂展开"一"字形平伸，两只手呈下垂状，腿部叉开。该人形的裆部用圆圈形表现了其睾丸，睾丸的下端用短线条表现了男性生殖器。人的腰部有一长一短两条横线条，可能表示的是其佩戴的武器（图141）。

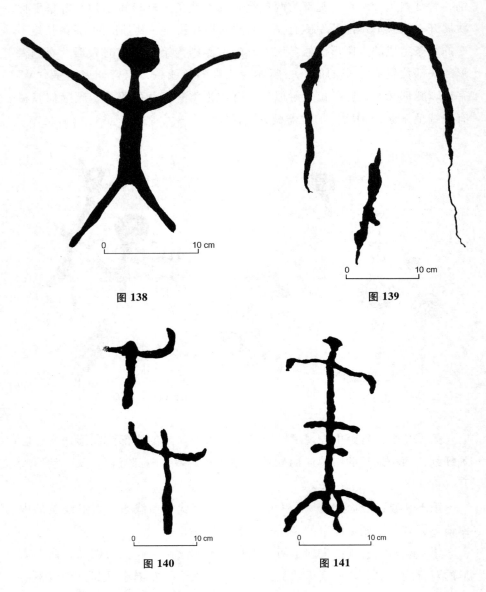

图 138

图 139

图 140

图 141

第142幅：岩画中表现了一个特别的人形。人的头顶上方有一长一短两条像犄角状的粗线条，似为扎起的辫发。人的双臂及躯体均用粗大的线条刻绘。双臂略呈"V"字形上举。双腿呈"人"字形叉开，裆下用倒三角形表示了男性特征。人的腰部有用粗线条刻绘的横线条，且横线条的下方左右各有 3 条穗状的竖线条（图 142）。

　　第 143 幅：岩面的左侧有一个下端略呈圆形的楔形图形。岩面的右上方有一个粗线条刻绘的圆圈形。岩面的右下方是一个弧形线条。该弧形线条的右侧末端像鱼的尾鳍部分，中部上端又有一个像其背鳍的细线条。该弧形线条整体像一条鱼的形状（图 143）。

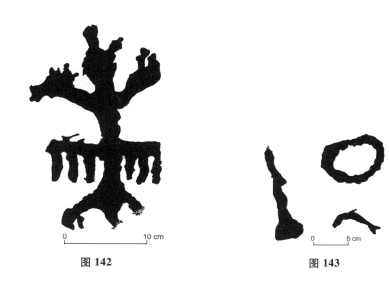

图 142　　　　　　　　　　　　　　　　　图 143

　　第 144 幅：该岩画中表现了两个简略的人形。其中，上面的人形头部上方有尖立的犄角状（或像耳朵）线条，像是戴着某种面具的样子。该人形的双臂呈"一"字形伸展，腿部呈劈叉状，裆部用粗大的短线条表现了男性特征。岩面下方的人形则是双臂伸展，腿部呈倒"V"字形叉开。从裆部未表现男性生殖器的情况来看，该人形可能为女性（图 144）。

　　第 145 幅：该岩画中上方有一个头部朝岩面右侧，腿部朝岩面左侧呈"V"字形叉开的简略人形。该人形的躯体右侧接连有一条短的线条，应该表现的是其臂膀部分。岩面的下方有另外一个简略人形。这个人头戴高帽，双臂稍稍展开，腿部叉立。其腰部两侧佩戴有棒状物，似为武器（图 145）。

　　第 146 幅：岩面的左侧有一个简略人形。其头部为小圆环，头顶上有一个由小的圆形和细线条组成的发饰状物。人的脖子和身躯部分则用一条笔直细长的线条表示。脖颈处交叉有一条细长的斜线条。左侧手臂为短线条，右侧手臂为长线条。右侧手臂的末端表现有三根手指。该人形躯体的

图 144

图 145

下端"人"字形分叉,且分叉部分的右侧线条呈曲线状延续。此外,右侧曲线的右上方又接连有一条短线条,短线条的末端为椭圆形圈。该椭圆形圈与刻绘在岩面中部的人形左腿末端相连。岩面中部人形的头部为半圆形圈(弧形线条),身躯为笔直的细线条,腿部呈弧形分叉状,且左侧腿部末端分叉呈三趾状。分叉状的三根脚趾又像是两腿间有男性生殖器的样子。在该人形裆部下方的空白处刻绘有一个三叉状的图形。人的左侧手臂末端呈"丫"字形分叉,右侧手臂则由肘部向上弯曲,且小臂部分相对较长。该人形的右上方有一个圆圈形,圆圈形的上方接连有一个箭头状的线条,整体造型可能表现的是一个简略的人形图像。岩面中部人形的右侧,胳膊的下方有一个双重圈图形,且里圈内部有两条交叉线条组成的"×"形线条。上述人形的左上方有两条平行的横线条,以及从上面横线的中部朝下方延续的细长的竖线条。在竖线条的左侧有一个有四根指头的手掌印记图形(图 146)。

第 147 幅:岩面的上方是一个粗线条刻绘的三重圈图形。三重圈的外沿有 9 条长短不一的光芒状线条。该图形应当是在表示太阳。另外,在该太阳形图像的左上部,即第三重圈的外侧有一条弧形线条。该弧形线条可能是未完成的第四重圈的一部分。在太阳形图像的左下方有一条又粗又长的线条，其下端有一条与其十字交叉的短线条。该图形的右侧是一条短小的竖线条。再右侧是一个下端接连有圆环形的竖线条。该图形的右侧和右上侧则各有一条短线条（图147）。

第148幅：岩面的上方有一个粗线条刻绘的略呈" 〔 "状的方括弧形图形。方括弧上端的横线条长而笔直，且线条中部下方接连有一条短线条。而方括弧下端的横线条则短而弯曲，且末端纤细。岩面的下方有一长一短两条弯曲的细线条（图148）。

图 146

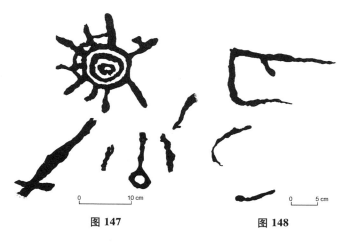

图 147　　　　　　　　　　　图 148

　　第 149 幅：岩面的左侧有一个高大的人形。该人形的双臂展开，由肘部弯曲上举，腿部呈倒 "V" 字形叉立。人形的右侧有一个圆圈形。圆圈形的下方接连有两条竖线条（像双腿），右侧接连有一条横线条（像尾巴），上端则接连有一条竖线条（像脖子），且竖线条的上方左右各接连有一条短线条（像犄角）。整体来看，该图形像某种简略的动物（图 149）。

　　第 150 幅：岩面的上方有一个圆圈形。该圆圈的右上方接连有一条竖线条，左上方接连有一条横线条，下方则接连有三条较长的竖线条。该图形的整体构图像是某种简略的动物形象或印记符号。该图形的右下方是一个上端接连有两条竖线条的圆圈形。其左下方又是一个圆圈形，圆圈形的左下方有两条平行的弧形线条（图 150）。

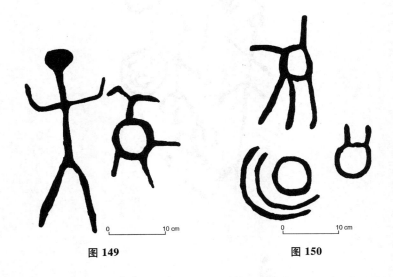

图 149　　　　　　　　　　　　图 150

　　第 151 幅：岩面的右上方有一个较大的圆圈形。圆圈的内部靠上方的位置有一个小圆环和小圆点，像人的眼睛一样左右排列。岩面的左下方则有一个头部有牛犄角状饰物的简略人形。人形的躯体呈倒三角形，双臂上擎，右手掌呈圆圈形，左手掌则为下端未闭合的双重圈形。人的腹部为笔直的长线条，腿部则呈劈叉状。小腿及足部向上弯曲，其中左侧部分弯曲成弯钩状，右则部分则弯曲环绕成椭圆形（图 151、插图 41）。

　　第 152 幅：岩面的上方有一个中间有小的圆形凹穴，外沿接连有 14 道光芒状短线条的圆圈形。该图形应该表现的是太阳的形象。岩面的下方则为由多条线条分割为 9 个单元的组合图形。该图形的上方和左上方各接连有一条短线条。该组合图形所表现的寓意暂且难以说明（图152）。

　　第153幅：这幅岩画中用轮廓法表现了一个大犄角的北山羊和有着短犄角的牛的形象（图153、插图39）。

　　第154幅：岩面的左侧是一个头戴高帽，胸部呈圆形，腹部纤细，臀部肥硕，双腿呈劈叉状的简略人形。该人形的腹部有一条交叉的横线条。人形的右侧有上下排列，且中间由弯曲的粗线条相连的圆圈形（圆形不太规则）。该图形下方的圆圈形与人的腹部交叉的横线条相连。该图形的右侧有一个小的圆形凹穴。凹穴的下方是一个略呈椭圆形的圈和接连在其下方的弯曲线条。岩面的右上方是一个手持盾牌装物，腿部呈跨步奔跑状的简略人形。从其胯部前方的短线条来看这个人应该是男性。该奔跑状人形的下方有一个粗线条刻绘的双重圈图形（图154）。

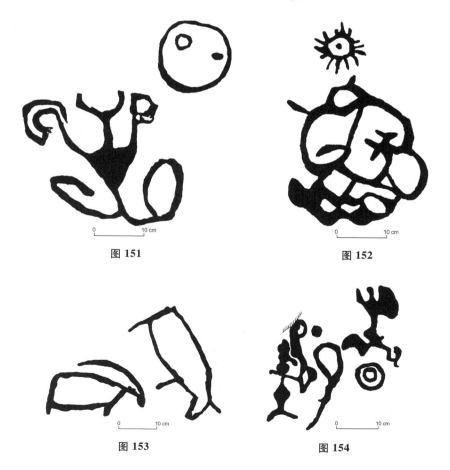

图 151　　　　　　　　　　　　　图 152

图 153　　　　　　　　　　　　　图 154

　　第 155 幅：岩画中表现了一个后脑勺上斜戴着高顶帽①，腹部鼓起略呈
圆形，双臂由肘部弯曲上举，两只手上均有三根手指的人形。该形的右侧有
一个粗线条刻绘的大圆圈形。圆圈形的左上方接连有柄状短线条（图 155）。

　　第 156 幅：岩画中表现了一个双臂平伸呈"一"字形展开，腿部呈劈
叉状，男性生殖器刻绘明显，头部后方用短线条表现有辫发饰的简略人形
（图 156）。

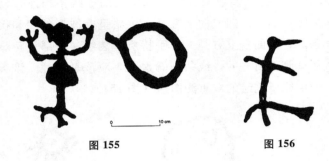

图 155　　　　　　　　　　　　　　　　图 156

　　第 157 幅：岩面的左上方有一个头部为圆形，双臂长而自然下垂，腿部
短小呈跨步前行状的人物形象。其右下方则是一个头部为圆圈形，躯体是略
为曲折的竖线条简略人形。该人形的躯体两侧各有一条表示手臂的横线条。
手臂部分的下方有一条与其平行，且与躯体呈十字交叉状的长线条。该线条
的左端与其右上方人形右腿的脚跟部分接连在一起（这可能是表示两个人形
之间有某种关联的特殊表现手法），线条的右端则接连有向躯体下方延伸的
弧形线条。人形的腿部左侧表现有三根脚趾状短线条（图 157）。

图 157

---

① 也许是发髻或辫饰。——译者注

第 158 幅：该岩画中用粗线条刻绘了上下排列的三个图形。岩面的上方是一个右侧开口，略呈长方形的图形。岩面的下方是一个略呈长方形的图形。上述两个图形的中间则有一个像是人的图形。该简略人形的头部朝岩面左则，双臂伸展，整体呈仁立状（图 158）。

第 159 幅：岩画中有一个左下端接连有柄状短线条的圆圈形。该图形的右下方有一个由边缘不规整的竖线条和横线条组成的折角图形（略呈"L"形）。上述两个图形均由粗线条刻绘（图 159）。

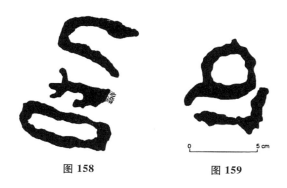

图 158   图 159

第 160 幅：该岩画中表现了一些由圆圈形和线条组成的图形。岩面的左上方是一个右端接连有短线条的圆圈形。其下方是一个左端接连有长线条的圆圈形。再下方则是一个圆圈形。岩面的右侧又是一个下端接连有两条长线条的圆圈形。其中，左侧长线条的中部右侧（内侧）接连有一条短线条，右侧长线条的下端部分稍稍往左侧（内侧）弯曲（图 160）。

第 161 幅：该岩面上所刻绘的图像由两个上下排列的略呈圆圈形的图形，以及一条将其串联在一起的细长的竖线条组成。上面的圆圈形稍大于下面的圆圈形，且其顶部有三叉状的线条。串联两个圆圈形的长线条下端延伸得较长，且将两个圆圈形等分为 4 个半圆形。上方大圆圈形的左侧接连有一条短的曲线条，右侧接连有一条短的直线条，且直线条的末端有三叉状的短线条。此处在长线条（表示手臂）的末端出现的三叉状线条与吉布胡楞特海尔罕山岩画中常见的表现人的三根手指的表现方式基本一致。因此，该组合图形很可能也是在表现一个造型独特的简略人形。该简略人形的左上方有一个略呈圆形的凹穴，右上方有一个弯曲的线条，右下方则有密集在一处的多个小的圆形凹穴（图 161）。

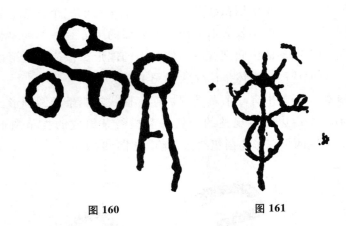

图 160   图 161

第 162 幅：岩画中用粗线条刻绘了一个半圆形的弧线条。该弧形线条的左上端至右下端（即弧形线条的右侧末端）接连有一条稍稍曲折的粗线条。（图 162）

第 163 幅：在岩面的左侧部分用极为简略的表现手法刻绘出了一个人的形象。该人形高大的身躯及脖颈部分用笔直的竖线条表示，头部则为小的椭圆形凹穴。岩画中用以表现人的身躯部分的笔直线条末端有三叉状短线条，其中两侧的短线条应为人的腿部，中部的短线条应该表示的是男性的生殖器。在岩面的右则部分同样用极为简略的手法刻绘了另一个人形。该人形的头部位置有三瓣花瓣式的图形，花瓣形的左端接连有粗线条刻绘的短线条。人的脖颈及身躯部分为曲折的竖线条。竖线条的下端同样有三叉状的短线条，应该表现的是人的双腿和男性特征。上述两个简略人形中均未表现人的手臂部分（图 163）。

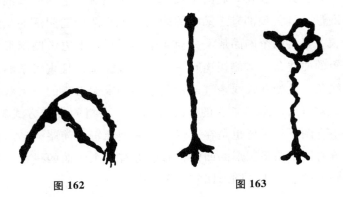

图 162   图 163

第 164 幅：岩画中有一个略呈椭圆形的图形。该图形的上方接连有一条向左上方延续的蛇形曲线条（图 164）。

第 165 幅：岩面的上方刻绘有一条又粗又长的横线条，其下方亦有两条短的粗线条。此外，在长线条的上方及长线条和两条短线条之间均有成组或成列的细小刻痕（图 165）。

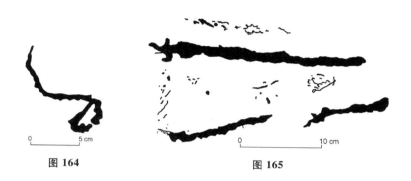

图 164　　　　　　　　　　图 165

第 166 幅：该岩画中所表现的是一座高山的图像。略呈三角形的高山两侧的斜面上共有 20 个短线条。这些短线条应该表现的是山坡上的林木（图 166、插图 1）。

第 167 幅：岩面的左上方有一个用侧视法表现的，刻绘精细、小巧玲珑的人物形象。这个人形的手臂高高抬起，看似将某一椭圆形物件捧在面部前方，腿部纤细呈站立状。人形的左下方有用粗线条接连在一起的 3 个圆圈形、1 个圆形凹穴和 1 个半圆形凹穴（图 167）。

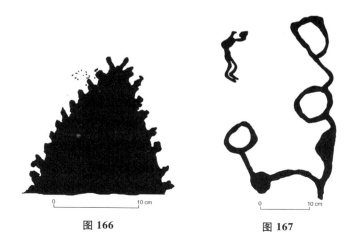

图 166　　　　　　　　　　图 167

第 168 幅：该岩画中仅刻绘有一个用粗线条刻绘的圆圈形（图 168）。

第 169 幅：岩面上刻绘有一个左上方接连有笔直的细线条的圆圈形。圆圈形的右下方有一条弧形线条（图 169）。

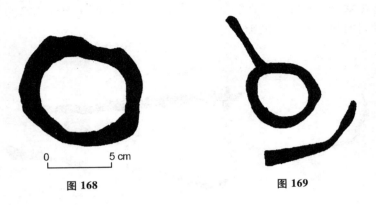

图 168　　　　　　　　　　图 169

第 170 幅：该岩画中刻绘了两个接连在一起的人形组合图像。组合人形的上、下端各有一个头部。上端的头部为左上方接连有短线条的圆圈形，而下端的头部则为外沿接连有 5 条短线条的圆圈形，即光芒四射的太阳形头部。两个人形的躯体部分接连在一起，仅用一条笔直的长线条表示。从所刻绘的画面上看，用竖线条表示的人形躯体上有 4 只胳膊或 4 条腿，所以整体图形可能表现的是女人生育产子或男女交媾的场景。人形图像的右侧有一个由圆形凹穴和接连在其下方的短线条组成的棒槌状图形、短线条和上端开口略呈 "U" 字形的图形（图 170、插图 5）。

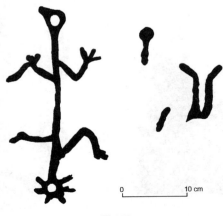

图 170

第 171 幅：岩面的左侧有一条竖线条。岩面的右侧则有一个右上方接连有短线条的圆圈形（图 171）。

第 172 幅：该岩画中刻绘了犹如阿拉伯数字"8"一样一上一下接连在一起的两个圆圈形（图 172）。

第 173 幅：岩面的上方是一个用粗线条刻绘的横线条，横线条的中段下方接连有一个短线条。该横线条的下方有三个图形，一个位于岩面的中部，另外两个位于岩面的下方。上述三个图形均为粗线条刻绘外形轮廓的不规则图形。其中，左下方不规则图形的下端未封闭（图 173）。

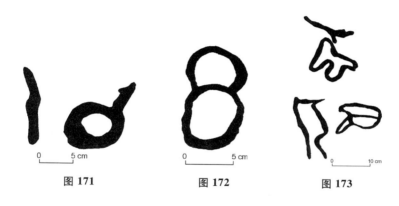

图 171　　　　　　　图 172　　　　　　　图 173

第 174 幅：岩面的左右两侧各有一个太阳形图形，左侧的是外沿接连有 15 个短线条的双重圆圈形，右侧的则是外沿接连有 11 条短线条，内部有圆点的圆圈形。两个太阳形图形的中间（左侧太阳形的右边）有一个头部为圆圈形的男人。该简略人形的右侧（右侧太阳形的左边）有一个顶部呈"丫"字形，下端为弯钩状的图形。岩面的下方亦有一个简略人形。人的头部和前胸部分均为通体刻绘的圆形，在胯部位置用短线条表现了男性生殖器，其腿部呈胯部前行状（图 174）。

第 175 幅：该岩画中表现了一个造型独特的线刻图形。图形的上端是一条略为弯曲的短线条（线条的中部略为向下弯曲），其下端接连有一条竖线条，再下端则接连有一个椭圆形，最下方接连的则是像人的腿部一样的两条竖线条。该造型独特的图形可能表现的是一个人的概貌（图 175）。

第 176 幅：在该岩画中，岩面的左侧是一个粗线条刻绘的圆圈形，其右侧则是一个动物的躯体和脖颈部分。该动物的头部未刻绘完整，但仍然可以辨认出头向为朝岩面右侧（图 176）。

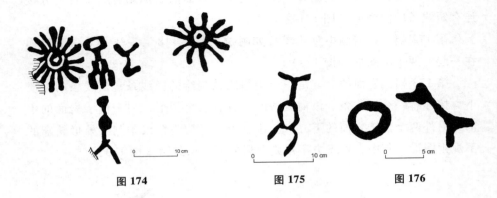

图 174　　　　　　　图 175　　　　　　图 176

第 177 幅：该岩画中所刻绘的图形整体像一个"高脚杯"的样子，其上部略呈倒三角形，三角形的下端尖角处接连有一条短的竖线条。该倒三角形两个斜面的外侧共接连有 18 条短线条，很像是上述第 166 幅岩画中接连在三角形斜面（即"山坡"）上的"树木状"短线条。倒三角形上部的横线与其两个斜面的交叉处各有一条向上方延续的短线条。倒三角形上部横线的上方接连有各种线条和图形。其中，最左边的是一个细长的竖线条，其右侧是一个长方形（长方形的左侧边缘向上方延伸出一条折角线条），再右侧（位于横线条的中部）是一个正中部有竖线条的半圆形，最右侧则是一个正中部有竖线条的三角形（竖线条延伸到三角形的顶端外侧）。上述三角形上部半圆形正中的竖线条向下方一直延伸到倒三角形下端的尖角处，将三角形等分为左右两个部分。该三角形中部的竖线条和三角形顶部的横线之间左右两侧各接连有 7 个，共有 14 个长线条。岩面的右侧有一个弯曲的长线条（图 177）。

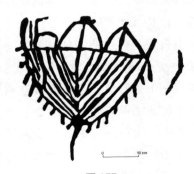

图 177

　　第 178 幅：岩画中用粗线条刻绘了一个动物的基本轮廓。该动物的头部有像北山羊一样的高大犄角，尾部则向马尾一样又粗又长。动物的头部朝岩面的右侧方（图 178）。

　　第 179 幅：岩画中表现了一个简略的人形。人形的头部为小圆环，脖颈、身躯及腿部则用细长的直线一笔带过。人的双臂由肘部弯曲呈上举状。在人形的胯部位置接连有一个粗大的横线条，应为侧视法表现的勃起的男性生殖器（图 179）。

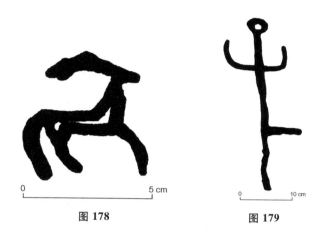

图 178　　　　　　　　　　　　图 179

　　第 180 幅：岩面的右上方有一个马头朝岩面右方策马前行的骑马人形，尾随其后的是一匹脖颈细长的高头大马。两匹马的额头上方均接连有一条竖立的短线条，应为精心修饰的顶鬃。两匹马的形象刻绘的惟妙惟肖、动态十足。岩面的左侧另有一匹马的形象。其右下方是一个下端有分叉的曲线条。该线条的右侧有三匹头朝岩面右侧的马的形象，其中右上方的马只刻绘有头部和脖颈部分。马群的右下方有一只头朝岩面上方的北山羊图形。北山羊的左下方有 4 只列队展翅飞翔的鸟形。岩面的右下方是一个下端接连有弯曲线条的圆圈形，弯曲线条的中部接连有像 "卜" 字一样的短线条。该图形的右下方有一个由圆圈形和短线条构成的像阿拉伯数字 "6" 一样的图形（图 180）。

　　第 181 幅：岩面的左侧有一个头部浑圆硕大，尾部翘起，头朝岩面右侧的小狗的形象。小狗的正前方有一个中部略呈圆圈形，左侧接连有两个短线条，上下端及右侧各接连有一个短线条的图形。岩面的中部有一个中部呈圆圈形，外沿接连有 11 条短线条的太阳形图像。其右侧有一个看似在向着太阳形奔走的粗线条刻绘的简略人形。该简略人形头颈部位置（头部特征不明显）接连有一条向左上方延伸的线条，双臂呈"一"字形平伸，腿部为叉立状。岩面的下方有一个用粗线条刻绘的圆圈形（图181）。

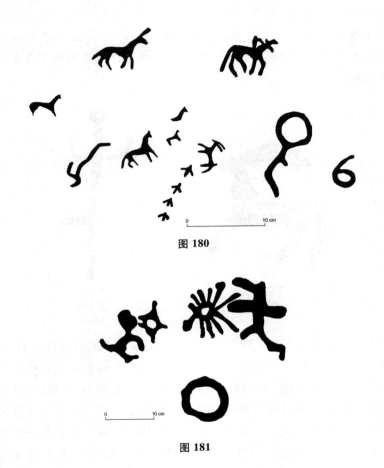

图 180

图 181

第182幅：岩画中表现了一个极其简略的人形图像。人的头部为小的凹穴，脖颈为笔直的长线条，身躯部分为双重圈形，左腿为曲折的长线条，右腿为扁圆形圈（扁圆形圈的左上端有接连到双重圈内圈外沿的短线条），手臂部分则未曾表现。简略人形的左上方刻绘有一个短的粗线条（图182）。

第183幅：岩画中用粗线条刻绘了一个外形并不规整的圆圈形。该圆圈形的外沿下端有3个细小的短线条，右侧则有1条短线条（图183）。

　　第 184 幅：该岩画中有两个由圆环和线条组成的图形。两个图形均由
粗线条刻绘而成。左下方的是一个上下两端各接连有一条短线条的圆圈
形。右上方的则是一个由小圆环和两条短线条组成的略呈 "A" 字形的图
形（图 184）。

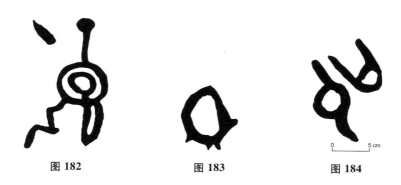

图 182　　　　　　　　　图 183　　　　　　　　图 184

　　第 185 幅：该岩画中刻绘了一个中部有大凹穴的三重圈同心圆图形。
同心圆图形中，外圈的右下端未闭合。外圈的下端接连有一个像 "绳扣"
一样的圆圈形。外圈的左侧接连有 13 个短线条，右上端接连有 3 个长短不
一的线条，共有 16 个太阳光芒状的线条。另外，外圈的上端亦接连有一个
略呈 "U" 形的图形（像左上端未闭合的圆圈形）（图 185）。

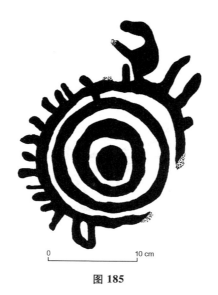

图 185

　　第 186 幅：岩画中有一个用粗线条刻绘的简略人形。人形的双臂由肘部向下弯曲，腿部呈"一"字形劈叉状，裆部位置用短线条表示了男性生殖器。人的脖颈及躯体为笔直的竖线条（图 186）。

　　第 187 幅：岩画中有一个用粗线条刻绘的图形。图形极为简略，圆圈形的下方接连有长线条，长线条的末端有两个倒钩状的线条。该图形很可能是用简略的表示方法表现的人形图像（图 187）。

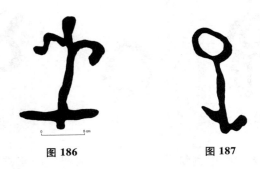

图 186　　　　　　　　　　图 187

　　第 188 幅：岩面的上方有一个头部硕大、尾部短小的动物形象。该动物的头顶上有一个尖部呈"树枝状"三节叉的粗线条，应为其耳朵。动物的眼睛则用小的圆点表示。动物的头向朝岩面左侧。岩画中在表象该动物的形象特征时，在其头部、下颌、脖颈、胸腹部、前后腿及臀部等位置刻绘了多个分割线条，将动物的躯体分成了 10 个独立的单元。岩面的左下方有一个中部为大的圆圈形，大圆圈的上端和左右两侧各接连有一个小圆圈，下端则接连有两条平行竖线条（像人的双腿）的组合图形。从整体上看，该图形很像是一个表现独特的简略人形（图 188、插图 8）。

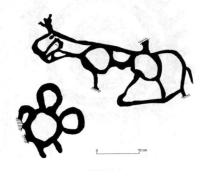

图 188

第 189 幅：该岩画中，下方是一个粗线条刻绘的椭圆形圈，上方则是 3 个不规则的小凹痕（图 189）。

第 190 幅：岩面的中部有一个双臂平伸的简略人形。人形的左侧有一个内部有两条平行的竖分割线条的椭圆形圈。人形的右侧是一个像英文字母"C"，右侧未曾闭合的圆圈形（图 190）。

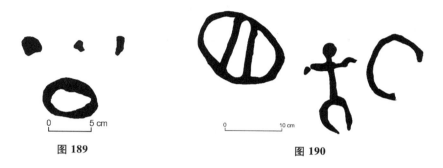

图 189   图 190

第 191 幅：该岩画中只刻绘了一个简略的人形。人的头部为圆形凹穴，双臂呈平伸状，脖颈、身躯及下肢则为一条笔直的竖线条（图 191）。

第 192 幅：这幅岩画中极其生动的再现了一只呈奔跑状的食草野兽形象[1]。该动物的尾部短小而上翘，犄角纤细耸立。整幅岩画写实性较强，动态感十足（图 192）。

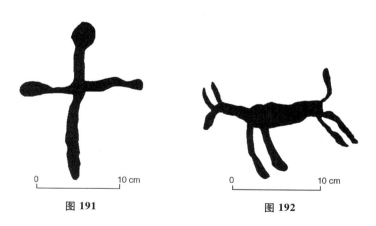

图 191   图 192

---

[1] 原文中所说的"食草野兽"多指鹿一类的动物，也包括黄羊、羚羊等。——译者注

第 193 幅：在岩面的中部靠下方的位置有一个双重圈图形，双重圈的外圈外沿接连有 12 个短线条，整体图形应表现的是光芒四射的太阳。太阳形图像的左上方有一只用轮廓法表现的短角北山羊。北山羊的头部朝向岩面左侧。后期的岩画创造者在上述太阳形图像和短角北山羊的上面又刻绘了两只北山羊的形象，两个时间段的岩画明显呈早晚叠压打破关系。晚期刻绘的两只北山羊的头部均朝向岩面左侧。其中，下方的北山羊体型巨大，两条细长的犄角呈弧形向后弯曲，脖颈秀美（线条感强），四条腿笔直而强劲有力，短小而翘起的尾部向前微微弯曲。北山羊又长又大的身躯上用没有进行刻绘“留白”的方式表现出了麻点状的纹饰。该北山羊的腹下有用粗大的线条表现的雄性生殖器，其左下方另有一个较大的不规则凹痕。岩面的右侧亦有一只头朝岩面左侧的北山羊。这只北山羊的尾部特征较为特别，刻绘得像马尾一样又粗又长，但头部上方却有着两根向后弯曲的大犄角（图 193）。

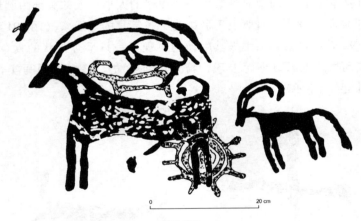

图 193

第 194 幅：岩面的上方有一只翘着尾巴奔跑的北山羊。岩面的左侧则有一只长着多叉大犄角，尾部细长拖地（像豹子的尾巴）的鹿的图像。鹿的左侧是一个紧随其后的人形。鹿和人的图像均由较粗的线条刻绘。鹿的左上方有一个像羊一类的动物。鹿的右下方则有一匹马的形象。马和羊一类动物的图像均用细线条轮廓法表现而成。岩面的右侧有用粗线条刻绘的圆圈形和尖锥形图像。该岩画中表现的所有动物的头向均朝岩面右侧方（图 194）。

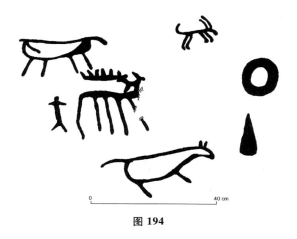

图 194

　　第 195 幅：该岩画中所表现的内容较为丰富，包括简略的人形及各种印记符号等。岩面的左上方有一个弯曲的弧形线条，其上端接连有细长的竖线条。该图形的下方有三个圆形凹穴。三个圆形凹穴的右下方有看似像并列站立的简略人形。其中，左侧人形的左上方接连有向左侧延伸的粗线条。该粗线条的左端较为粗大，略呈圆形。岩面的左下方是一个体型较大的简略人形。人形的头部为圆形凹穴，颈部又粗又长，头的下方（颈部上端）左右各接连有一个短线条。人的双臂呈平伸状，左侧的手明显有三根手指，右则的则呈小圆环形，圆环的边上接连有一个下端粗大的棒槌状线条，似握在手中物件。人的下肢呈"一"字形劈叉状，两腿的末端均表现有三根脚趾，裆部下方刻绘有男性生殖器特征。该人形的右侧有一个圆圈形。圆圈形的下方是一个"×"形的交叉斜线。其右侧有一个头部为双重圈形（外圈为粗线条，里圈为细线条刻绘），腿部呈分叉状，手臂在胸前由肘部弯曲上举，胸腹部略呈圆圈形的简略人形。人形的右上方有一个粗短的竖线条。其右侧又是一个略呈"×"形印记符号状的交叉斜线。再右侧是一个由方形和接连在其下方的三条竖线条（像器物的足部）组成的图形。其左下方则有一个粗线条刻绘的半圆形环。第二个"×"状图形的上方亦有一个略呈"×"形的交叉斜线。交叉斜线的右端接连有一个上端开口的方形或像"U"字形的图像。其右侧有一个弧形线条和粗线条刻绘的斜线条。岩面的右上方有一个由一条短线条和两个圆圈组成的"哑铃"状图形。其下方为一个左下端接连有短线条的圆圈形（图 195）。

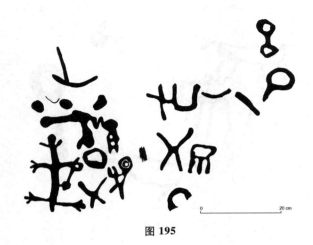

图 195

第 196 幅：岩面的左侧有一个像乌龟一样的图形。乌龟的背甲上有十字形分割线条。乌龟形图像的右侧有一条弯曲的短线条。岩面的右侧有一个不规则的凹痕，不知为何物（图 196）。

图 196

第 197 幅：岩画中用线刻轮廓的方式表现了两只北山羊的形象。两只北山羊的头向均朝岩面左侧，呈伫立状。其中，岩面左侧北山羊的躯体下方又有一个椭圆形，仿佛有双重躯体一般，腿部则用两条细长的竖线条表示，两条纤细的长犄角向后弯曲与臀部和尾部相连。岩面右侧北山羊的犄角纤细高耸，向后稍稍弯曲（图 197）。

第 198 幅：在岩面的右侧部分，用通体敲凿磨刻构图的方法表现了上下排列的三匹马的图像。马头均朝向岩面右侧。最上方的马匹尾部又粗又长，耳朵高大耸立。该高头大马的左下方有一只北山羊。北山羊上翘的尾部上方接连有一个大的圆圈形。圆圈形的左侧则刻绘有一只尾部粗大，呈奔走状的狐狸（图 198）。

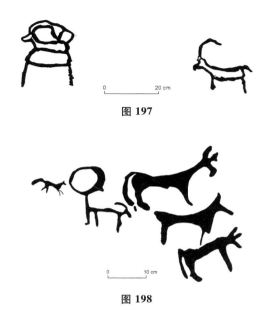

图 197

图 198

第 199 幅：岩面的上方有一个曲折的蛇形竖线条。其下方有一个粗线条刻绘的左端向下稍稍弯曲的横线条。该线条的中部上端接连有一条短粗的线条。与此对应，在横线条的中部下方亦接连有一条细长的竖线条。这个竖线条的左右两侧接连着多个横线条和折角线条。竖线条的上段左侧接连着一个短线条，其下方（竖线条的中段）左侧接连着一个"L"形的折角线条，再下方（竖线条的下段）右侧接连着 4 条横线条。单凭所刻绘的图像，很难确定上述图形表现的是简略的人形，还是北山羊（从侧面看）等动物（图 199）。

第 200 幅：岩面的上方有一个头部为小的圆圈形，双臂呈平伸状，两腿外撇叉立的简略人形。人形的右侧手臂上有三根手指，左侧手臂上有多个枝杈状短线条。人形的左腿下方又接连有一个简略人形。该人形的头部亦为圆圈形，躯体为直线条，臀胯部为椭圆形圈。两个简略人形的下方有一个外沿接连有 27 条光芒状短线条的圆圈状太阳图形。该太阳形图像的右上方有一个"丫"字形分叉的短线条，圆圈的内侧有 11 个接连在一起的椭圆形圈。圆圈形的内部有一个接连在左下方椭圆形圈上的"树木状"粗线条。粗线条的右端分叉，中段接连有"丫"字形线条。岩面的右下方另有一个略小的太阳形图像。该太阳形图像的圆圈外侧接连有 19 条短线条。

圆圈形的内部有一个左上端接连在圆圈内侧的粗线条（图200、插图7）。

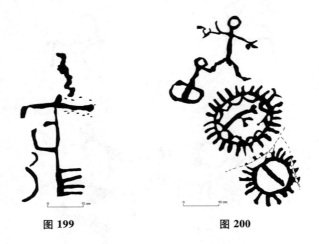

图 199   图 200

第 201 幅：岩面的中部有一只刻绘逼真的北山羊形象。北山羊的耳部尖立，胡须细长，嘴角前伸，尾部微微翘起，头顶上方的犄角像月牙形弯刀一样高大耸立。北山羊的右上方有一个下端接连有柄状粗线条的圆圈形。圆圈形的右上方又接连有折角的方括弧形粗线条。该方括弧形线条的左下端未与圆圈相连，整体构图像一个器物把柄的形状。岩面的左下方另有一个由小圆圈和短线条构成的勺形图像，且小圆圈的右上方接连有纤细短小的曲线条（图201）。

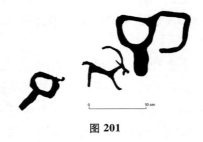

图 201

第 202 幅：该岩画中有两个粗线条刻绘的图形符号。第一个图形是由横、竖线条构成的折角图形，且横线条的左端呈向下的倒钩状。第二个图形位于第一个图形的横线下方，是一个由曲线条构成的略呈"m"形的图形（图202）。

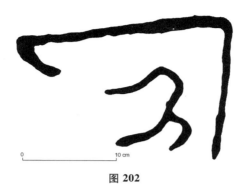

图 202

第 203 幅：该岩画的上部是呈"品"字形排列的三个圆形凹穴。其中，上面的凹穴下端接连有一条细长的竖线条，且该线条的中部略下方的位置有一条于此"十"字交叉的短横线。该图形的整体构图像简略的人面，其中"品"字形排布的三个圆形凹穴中下方的两个圆形很像人的眼睛。上述图形的下端有一条呈半包围结构的"U"字形图形。且"U"字形的下端略呈尖角状。该"U"字形线条可能是未完成的人面轮廓的一部分（图 203、插图 10）。

第 204 幅：该岩画中用粗线条表现了一个太阳形的图形。图形的中部为小的圆圈形，其外沿有 6 条放射状的线条（图 204）。

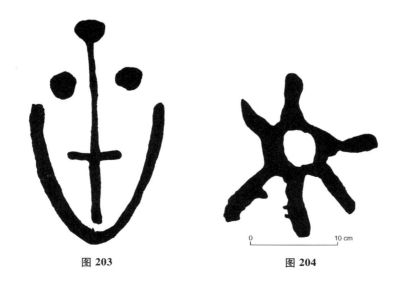

图 203   图 204

第 205 幅：岩面的左侧是一个双臂平伸，腿部呈"人"字形站立的简略人形。岩面的右侧则是一个整体轮廓略呈圆圈形的图形。圆圈形的顶部接连有三条像冠顶饰的线条，其中两边的线条稍短，中间的略长一些。上述圆圈形的底端亦接连有像腿部一样的三条短线条，其中左边的线条最长，右边的则最短。圆圈形的内部则被多条线条划分为 7 个独立的小格。其中，中间的小格呈梯形，左右和上侧的小格略呈三角形，下端的三个小格则略呈长方形或半圆形（图 205）。

第 206 幅：该岩画的整体轮廓为一个粗线条刻绘的大圆圈形。圆圈形的上方接连有 4 个短线条，且短线条之间的间距较大。此外，圆圈形的右上方（位于右数第 1 和第 2 个短线条之间）另有一个头部呈圆形，双臂平伸的人的上半身，整体造型仿佛是站立在圆圈形的上方一样。圆圈形的下方亦接连有 3 条短线条。圆圈形的内部则被 3 条弯曲的线条分割为 1 小 3 大，共 4 个独立的单元格（图 206）。

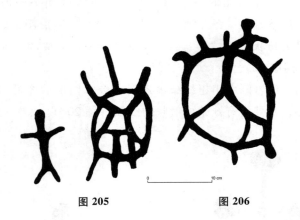

图 205   图 206

第 207 幅：该岩画中有十多个粗线条或剪影式造型的图像。图像之间的距离很小，有些图像相连在一起，难以辨识。画面的左上角有一个略呈"田"字形的轮廓式图像。该图像的下面部分因岩面残损而局部缺失。其右下方有个简略人形。人的头部朝向岩面的左下方，头部上方似有顶部分叉的帽饰（或为两股辫饰），双臂短小呈伸展状，腿部弯曲呈蹲踞状。人的腹部位置接连有一个圆圈形，一个粗长的线条（像腰上佩戴的武器），后背上有短粗线条，臀部后方有像尾巴一样的粗线条。另外，人的脚部上方有一个略呈椭圆形的圈。岩面的下方有部分可以辨识的岩画图像。其中，上述人形的躯体下方有一个较大的圆圈形，似为人的头部，下方接连的粗线条为躯体，两侧的斜线条为人的双臂，腿部则为下端接连有两个圆圈形的横线条，横线条的左端呈下弯钩状。其头左侧有一条与上面人的头部相连的长线条，不知为何物。岩面的右侧另有三个不易辨识的图像，似为三个简略人形（图 207）。

图 207

第 208 幅：该岩画中共有十余个印记符号状的刻绘图像。岩面的最上方是一个凹面朝上的弯月形图像。其左下方是两个横向相连的圆圈形。双连圈的右侧是一个略呈"m"形的马蹄印状图像。其右侧接连的是一个粗线条刻绘的三重圈同心圆图像。同心圆的下方接连有小的圆圈形。小圆圈的右侧接连有短的粗线条，下方有末端呈"丫"字形的粗线条。其左下方有一个稍大一点的圆圈形。岩面的右侧有一个外沿接连有 12 条光芒状粗线条的大凹痕，其中右下方的两条线条末端呈相连状。岩面的右下方是一个由一条短横线和三条竖线条组成的印记符号状图像，该俄文字母"Ш"字状图像左侧竖线条的上部向左侧弯曲（图 208、插图 9）。

第 209 幅：岩面的上部有一长一短两根竖线条。两根竖线的中部有一个小的圆形凹痕。岩面的中部则有四个手臂相连，造型简略的人形图像。其中，中间两人的头部为粗线条刻绘的圆圈形轮廓，圆圈的上方各有两根犄角状短线条，圆圈内各有一根较粗大的横线条，右侧圆圈内横线条的下方有与其"T"字形交叉的竖线条。上面所述两人的头部为正面表现，躯体和四肢部分则为侧影式造型，胳膊肘和膝盖部分弯曲，呈背靠背依坐

图 208

状。值得注意的是两人的背部中间有一根粗大的竖线条，竖线条的上部有
一个横向略宽的椭圆形，椭圆形与人的颈脖部分相互叠压。上述两人的左
侧有一个体型略小的人形图像。该人形为双臂伸展，腿部劈叉状。其右侧
手臂似与中间人呈牵手状。有趣的是其左侧腿部的刻绘线条一直延伸为一
个多叉犄角的似鹿状图像。鹿状图像的下方是一个略呈椭圆形的图像。该
椭圆形的内部有一根短的粗线条，将其分割为一个小圆圈和一个较大的半
圆形。其右下方有两个相连的同心圆图像，其中左上方的为小的双重圈，
右下方的为内部有圆形凹痕的略大的双重圈。大同心圆的右侧接连有短线
条，且短线条的右侧接连着一个下部没有边线的方形轮廓。方形轮廓线的
右上方有一个体型较大的简略人形。该人形的头部为左端略细的椭圆形图
像，为通体刻绘，似马头状，右端上下各有一个像耳朵的粗线条，面部像
是朝左侧。人的颈部和躯体为一根粗的直线条，双臂平伸，手上各有三根
表示手指的短线条①，腋下或胳膊肘的下方各有一个圆凸的刻绘痕迹，似
为乳房。该人形的头部和其左侧人形的颈部之间有一个粗线条刻绘的难辨
图像。该图像似为头部上方有分叉状帽发饰，双臂呈平伸状的简略人形。
岩面的右侧有一长一短两个粗线条刻绘的蛇形曲线状图像。其中，短曲线
的右侧呈"丫"字形分叉，且末端部分接连有圆圈形（图 209）。

———————————

① 右侧的手上似表现有四根手指。——译者注

图 209

　　第 210 幅：岩面的右上方有一个小圆圈，其左下方是一个通体凿磨刻绘的圆形图像。圆形的左上方接连有短线条，短线条又与粗线条刻绘的难辨图像相连。大圆形的左下方有一个小的圆圈形。圆圈的下方接连有粗大的竖线条，竖线条与两条横线交叉，且上方横线的右侧接连有一端粗大的棒槌形刻绘痕迹。岩面的左下方有一个由短线条和小圆圈组成的勺形图像（图 210）。

图 210

第 211 幅：岩画中表现了一个简略的人形。该人形的头部为小的圆圈形，颈脖及身躯为笔直的粗线条，腿部呈"人"字形叉立状，短小的双臂呈伸展状。人的胯部左右两侧各有一条长线条，左边的呈弯弧形，右边的则为中间略粗的直线条，似为佩挂在腰部的武器。人形的左上方有一根笔直的竖线条，右下方则有一根短的横线条（图 211）。

第 212 幅：岩画中表现了一个简略的人形图像。人的头和颈脖部分为上端略大的粗线条，手臂短小呈平伸，双腿呈岔立状，躯体为较长的粗线条，腹部和腰臀部分略微凸起 （图 212）。

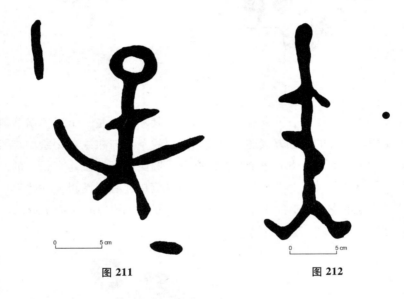

图 211　　　　　　　　　　　　　　　　图 212

第 213 幅：岩面的中部用粗线条表现了一个头戴三叉状帽发饰，双臂呈上擎状的简略人形。人的胸部或腋下部位有两条向下方延续的长线条，长线条的下端均呈不规则的圆圈形。其中，右侧圆形的下方接连有一长一短两条粗线条，左侧圆形的下端则接连有四条长短不一，曲直各异的粗线条，似为人的脚掌。人的胸部位置左侧有一个不规则的椭圆形，圆形的上下方各有四根短线条，似为平躺的人形。该不规则椭圆形的下部轮廓线向右侧延伸至上述三叉状帽发饰人形右下方的不规则圆形内，将其一分为二。岩面的左侧有一个略呈"L"形的曲线条，右侧则有一个粗线条刻绘的弯弓状难辨图像 （图 213）。

第 214 幅：岩画中有粗线条刻绘的动物及难辨图像。该动物形象的背部平直，胸部宽阔，尾部短小，躯体雄硕矫健，雄性特征明显，似公牛状，为粗线条刻绘的轮廓式造型。动物的头部朝岩面右侧方。动物的头部前方有一个上端弯曲粗大的难辨图像（图214、插图16）。

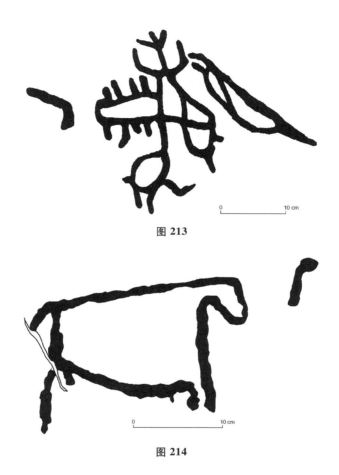

图 213

0　　　　10 cm

图 214

0　　　　10 cm

第215幅：岩面的左上方有一个双重圈同心圆，同心圆的左上部接连有略呈半圆形的线条，右下部则有两条略呈倒"V"字形的线条，整体造型似简略人形。其左下方刻绘了由一条长的横线条和七条竖线条组成的栅栏状的图形。竖线条的上下端均相互交连，构成闭合的圈形图像。换个角度观察，该栅栏形图形又看似像连臂人形图像。栅栏形图像的右上方有一个由线条和圆形凹痕组成的图像，似为简略人形（图215）。

第216幅：岩画上表现了一个头部朝下的简略人形。人的头部为通体刻绘椭圆形凹穴，颈脖及身躯为笔直的粗线条，双臂为细线条。其中，一个胳膊呈 45 度角向下倾斜，另一只则呈叉腰状。腿部特征不详（图 216）。

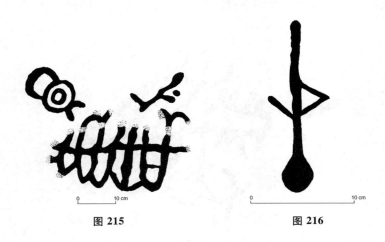

图 215   图 216

第 217 幅：岩面的中部有一个通体刻绘的圆形大凹穴。凹穴的左上方接连有两条犄角状的粗线条。圆圈的下方接连有一条较长的粗线条，可能表示人的身躯。该长线条的末端呈倒"V"字形，似表示人的腿部特征（图 217）。

第 218 幅：岩面的左上方为中部有不规则凹痕的双重圈状图形。在该图形中，两个圆圈之间有一粗一细两条连接的短线条。另外，在外圈的左上方接连有 6 条粗细各异的线条，其中 1 条为长线条，5 条为短线条。岩面的右下方则是一个略呈圆形的圆圈形。圆圈形的左上方接连有一长一短两根线条。长线条位于左侧，略细。短线条位于上端，略粗，末端呈棒槌状（图 218）。

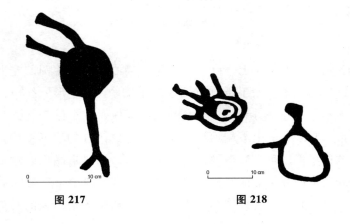

图 217   图 218

第 219 幅：岩面的中部有一个粗线条刻绘的椭圆形轮廓。椭圆形的上方左右两侧各有一个粗大的长线条，似犄角状。犄角状线条的中部有一个刻痕较细的弧形线条（图 219）。

第 220 幅：岩面上有两个略呈圆形的凹穴，两个凹穴之间接连有一条笔直的短线条和一条弯曲的长线条，两条线条首位相连略呈圆圈状（图 220）。

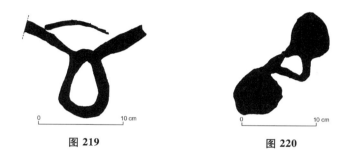

图 219　　　　　　　　　　　图 220

第 221 幅：该岩面上共表现了两个图形。左侧为细线条刻绘的圆圈形。右侧为通体刻绘的圆形，圆形的外沿有 9 条放射状短线条，整体造型像光芒四射的太阳（图 221）。

第 222 幅：岩画中表现了两个简略的人形。左侧的人看似身着下摆宽大的长袍。右侧的人则头朝右上方，头部为小的圆形，颈脖及躯体为笔直的细线条，腿部呈"人"字形岔立状，双臂伸展，略上举（图 222）。

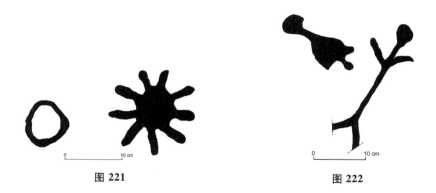

图 221　　　　　　　　　　　图 222

第 223 幅：岩面的左侧部分有一只轮廓式造型的鹿形象，其头部上方有向后延伸的多叉犄角，腹部下方有一个与腿部相连的圆圈形。鹿角的左侧有一根长的横线条和与其交叉的两根短的竖线条组成的难辨图形。上述横线条的左端粗，右端细，两根竖线条则略呈弯曲状。该难辨图形的上方有一条横线，左侧有一长一短两条横线。岩面的右上方有一个凹面朝下的短弧线。岩面的右下方有一个大面积凿磨刻绘，局部留白的图像。该图像的下部为一条粗长的弧线，弧线的上方有 5 块大小不一，略呈方形的留白处。此图像的右上端有两条像牛角的平竖线条，平行线条的右侧部分因岩面剥落残损而缺失；其左端亦有两条平行的竖线条，线条的下端因岩面破损而缺失，平行线条的内部有两条横线。从整体造型上看，该图像似为某个动物的形象（图 223、插图 11）。

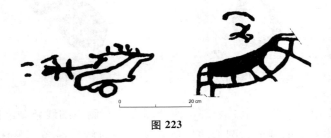

图 223

　　第 224 幅：该岩画中岩面的上部有一个腿部呈"人"字形岔立，双臂由肘部弯曲上举的简略人形。人的右侧手部上方有大的圆圈形，左侧手部接连有一粗线条刻绘的难辨图像，似为右侧呈开口状的弓箭图形。该人形的左上方有一短的竖线条，右下方有一粗线条刻绘的椭圆形。岩面的下部另有一组图形。最左侧的是一个通体凿磨刻绘的勺形图像，其上部略呈圆形，下部则为略呈楔形的粗线条。该勺形图像的整体造型又似单足的太阳。其右侧有一个由一条横线和三条竖线条组成的图像，前后两条竖线条似动物的腿部，横线条的左上部有凸起状的尾巴，横线右上端的短斜线为犄角，整体造型似为北山羊。横线中部的竖线条向上延伸，且上部有凸起状的刻绘痕迹，凸起部分略像阿拉伯数字"7"的造型。最右侧则是一个外沿有 7 条短线条的圆圈形，像是在表现光芒四射的太阳（图 224）。

　　第 225 幅：岩面的上部有一男一女两个简略的人形图像。其中，左面的人头部特征不明显，但头部位置有向两边弯曲的辫饰状粗线条，身躯和腿部为弯曲的粗线条。其右侧是一个头戴尖顶帽或将头发梳成发髻状，双臂平伸，臀部用圆圈形表现的简略人形。两个人形图像中间有一个略成圆

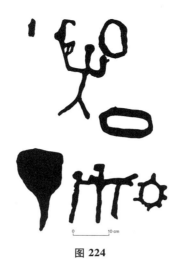

图 224

形的凹穴。岩面的中下部有 4 个形体较大的人形和 1 个小一点的人形图像。
其中，最左侧的是一个有着圆圈形头颅，头部上方接连有一短四长共 5 条
犄角形竖线条，身躯部分为粗线条，脚掌部分为圆圈形，左臂末端有四根
手指状线条，右臂为短线条的人形图像。其右侧是一个将粗大的身躯、两
条腿及裆部的男性生殖器用粗线条表现成三叉状的人形图形。其头部左侧
有一条辫饰或发髻状短线条，颈部有末梢纤细的短线条，双臂短小，略呈
伸展状。该人形的右侧是一个下半身同样呈三叉状的简略人形。上述两个
人形的身躯高大，躯体一侧均有横线条，呈持械格斗状。其中，左侧人形
腹部右侧武器状长线条的下方另有一条楔形短线条。其右腿上方有一条上
端纤细的平行短线条。其左侧人形的头部为较大的圆形凹穴，细长颈，胸
部左侧有乳房状凸起部分，再下方则有像横挂佩戴的刀剑状刻痕，且其左
端似有握柄。岩面的最右侧是一个头部为圆形凹穴，身躯部分为长线条的
简略人形，为未刻绘完成的人形图像。岩面右侧两个人形的头部之间有一
短直线，身躯部分之间则有一条弧形线条。中间两个人形的颈部之间有一
个形体较小的简略人形图像。其左手由肘部弯曲上举，右手呈持弓待射
状，双腿岔立（图 225）。

第 226 幅：该岩画中有两个粗线条刻绘的简略人形。其中，左侧人形
的头部特征难以辨识，只见两股发辫状线条，人的身躯部分为曲折的长线
条，左侧足部呈小圆圈形，右侧足部为折角线条；右侧人形的头部则为圆

圈形，躯体笔直，臀部为小圆圈，双臂呈"一"字形平伸状（图226）。①

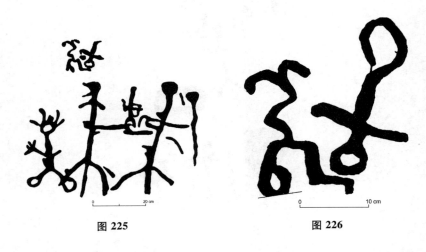

图 225　　　　　　　　　　　　　　图 226

　　第227幅：岩面的左上角有一个围栏状的图形。围栏的内部有两个没有刻绘完成的动物形象。其下方有两个由圆圈和短线条组成的勺形图像。另外，还有一些短的竖线条和横线条、大的圆形凹穴状图像等。岩面的右上方是一个造型独特的人形图像。该人形的面部用人面像岩画的表现方式刻绘。其面部略呈长方形，嘴部为平行的长线条，面部上方像倒"人"字形，鼻梁由顶部一直延续的嘴角的位置，眼睛为大的圆形凹痕。人面像形头部的下方有细长的脖颈。人的躯体由通体磨刻的圆形凹痕表现，下方有双腿和男性生殖器。岩面的中部则有另一个人形。该人形的头部有三叉状的帽饰，双臂平伸，躯体亦为大的圆形凹痕。躯体的下用内部有圆点的圆圈表现了女性的生殖器的特征。在下方则接连这中间有两条竖线条的长方形，这可能是表现了长袍状服饰的下摆边缘。该人形的左下方接连有一个由短线条和圆圈组成的勺形图形。岩面的右下方有一个"丫"字形的符号，像蒙古人的"骆驼鼻弓"式的印记符号（图227、插图12）。

　　第228幅：岩画中表现了大大小小5个简略人形。绝大部分人形呈双手平伸跳舞状。有些人的头部明显有两条辫饰。在人形的周边及间隙中还

---

①　原著作中的第226幅岩画应为第225岩画画面的上面部分，为不打破原书图表编号，只做注释说明，未进行删减修改。——译者注

刻绘了很多圆点、短线条及一些不规则的凹痕（图228）。

　　第229幅：岩画中表现了两个简略的人形，一人头朝岩面左上方，另一人则头朝右侧略呈平躺状。此外，在人的周围还刻绘了小的圆圈、由圆圈和短线条组成的勺形图形等（图229）。

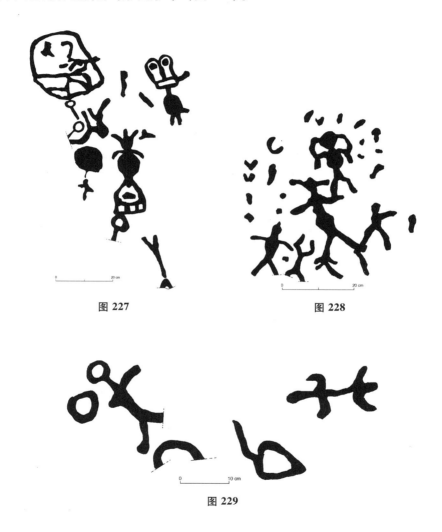

图227　　　　　　　　　　　　　　图228

图229

　　第230幅：岩画中刻绘了一个人面像图像。人面像中突出表现了人的双眉、双眼、鼻梁及其嘴部的特征。其中在右侧眼睛的内部还刻划了一个小的圆点。该人面像无面部轮廓特征（图230）。

　　第231幅：岩画有双重圈构成的同心圆，其外沿有9条光芒状的短线条（图231、插图62）。

第232幅：岩画中表现了一个由内部有圆点的四重圈组成的同心圆图像。外圈的外沿有8条光芒状的短线条。此外。同心圆外圈的左下方还连接有一个难以辨识的动物状的图像。此外，该图形的周围还有一些小的圆圈形、由圆圈和短线条组成的勺形图像等（图232）。

第233幅：岩面的上方是一个用曲线条表现的蛇形图像。其下方则是一个简略的人形。该人形的头部有尖顶帽饰，双臂伸展，两腿呈倒"U"字形叉开。人形的右侧有一个小圆点（图233）。

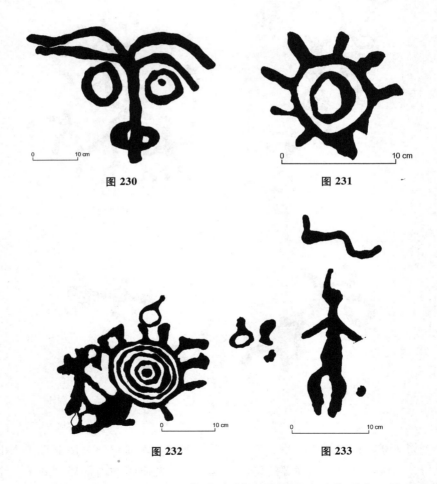

图 230

图 231

图 232

图 233

第234幅：岩画中有一个通体凿磨刻绘的剪影式动物形象。该动物有着大犄角、长尾巴、长而尖的嘴，似为牛的形象。牛的腿部呈俯卧状（图

234、插图 15）。

第 235 幅：在该岩画中，在岩面的左下方和右上方各刻绘了一个极其简略的人形。在岩面的左上方和右下方则刻绘了圆圈形、短线条、由短线条和圆圈组成的勺状图像（图 235、插图 17）。

图 234

图 235

第 236 幅：该岩画中用疏点敲凿的方式刻绘了一个双耳竖立、长尾下垂的野狼状动物的轮廓形象（图 236）。

第 237 幅：该岩画中表现了头向均朝岩面右侧的三个动物的形象。其中，右侧的两个动物看似像奔跑状的北山羊幼崽形象，其后侧尾随的则看似像是正在驱逐小羊，甩着尾巴奔走的狗（图 237）。

图 236　　　　　　　　　　　图 237

第 238 幅：岩画中表现了一个用粗线条刻绘的简略人形。人的头部有犄角状的饰物。人的面部朝岩面的左侧，呈伫立姿态。人形的腹部右侧有两个十字交叉的线条（图 238）。

第 239 幅：岩画中表现了一只有着大犄角，且身躯雄健的北山羊形象。该北山羊的头朝岩面的右侧。北山羊的右上侧和右下侧各有一个未刻绘完成的岩画图像（图 239）。

第 240 幅：岩画中表现了一个没有配备鞍具、骑马匹的人形（图 240）。

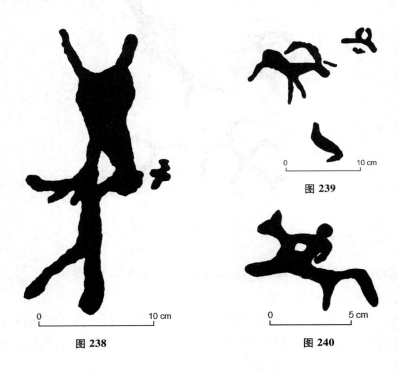

图 238　　　　　　　　　　　图 240

第 241 幅：岩面的最上方是一个侧影式的人像。该人形呈坐姿状，嘴部看似叼着一个细长的物件。人形的下方是一个圆圈形、有长犄角的像鹿的动物形象、某个难以辨认的动物形象及双臂由肘部弯曲上举的简略人形等。此外，岩画上还表现了大小不一的 6 只北山羊形象。北山羊的头向左右各异（图 241）。

图 241

第 242 幅：该岩画中有一匹头朝左上方的马，另一匹马的头部则朝向岩面的下方。较为独特的是，在两匹马的背部都刻绘了一条长线条（图 242）。

第 243 幅：岩画中用通体刻绘的方式表现了一头小犄角、短尾巴、头部和躯体硕大的牛。牛的头部朝岩面的左侧（图 243）。

第 244 幅：岩面中用线刻法表现了一个三角形图像（图 244）。

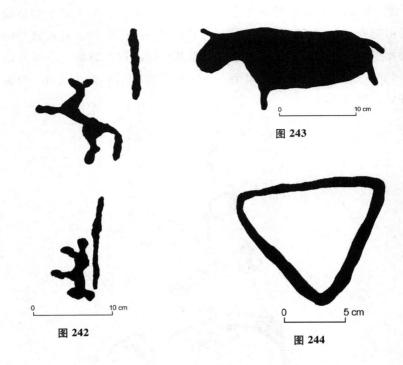

图 243

图 242

图 244

第 245 幅：岩面的左上方有一个小的圆圈形。其下方为一个由倒三角形和短线条组成的图像。岩面的中部略靠下方有一牵马人图像。牵马人的右上方有一个双臂由肘部向上弯曲、每只手上均表现有三根手指、腿部呈倒 "V" 字形、表现有男性生殖器的简略人形。人形的头部两侧均刻绘有三个小凹穴。人形的左侧亦有一根短线条。人形的右上方有一个小的圆圈形和弧形短线条（图 245、插图 18）。

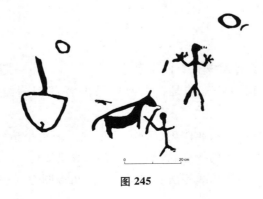

图 245

　　第 246 幅：该岩画中表现的人形较多。岩面的左侧为一个刻绘非常潦草的简略人形。人形的头部硕大，且不太规矩，看似像某种动物的头部。该人形的头部朝向岩面左侧，嘴部前方接连有三条长线条，仿佛是从其嘴部喷射出的样子。岩面的中部下方有一个体型硕大的人形，人的身躯用轮廓法表现，双臂由肘部弯曲上举，双手均有三根手指，腿部和男性生殖器用短线条表现。该人形的头顶上接连有另一个人形。这一人形的形体略小，双臂亦为由肘部弯曲上举状，双手上各有四根纤细的手指。这两个人形的右上方又有一个头部朝下、双腿朝上的简略人形或看似像动物的图像。此外，在上述硕大的人形的右侧则有一个由多个弯曲的线条组成的难以辨识的图像。岩面的右上方有一个用粗线条刻绘的弧形曲线和一个不规则的小凹痕。岩面的右下方有两个简略人形。其中，左侧只表现了人的上半身，其头型、眼睛及嘴部等面部特征看似像猫头鹰。其右侧则有一个头、颈、躯体及男性生殖器为一条直线条、腿部呈马步状、双臂由肘部弯曲上举、一只手上有三根手指的简略人形（图 246）。

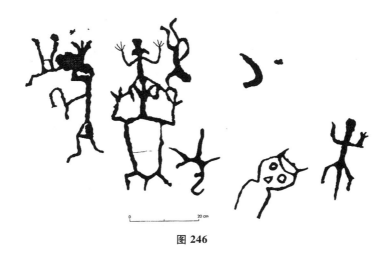

图 246

　　第 247 幅：该岩画中用轮廓法表现了一头牛的形象。牛的身躯硕大，虽然整体用轮廓法表现，但头部则采用了局部通体刻绘的手法。牛的犄角呈并行的曲线条向头部前方延伸。在用轮廓法表现的牛的躯体内部，胸部位置刻绘有一个不规则的凹痕（图 247、插图 21）。

　　第 248 幅：岩面上刻绘了一个中间为圆圈、外部用粗线条刻绘了放射状短线条的太阳形图像（图 248、插图 19）。

图 247

第 249 幅：岩画中表现了两个由圆圈形和光芒状短线条组成的太阳图像，其中一个太阳形的外沿有 9 根短线条，另一个有 5 根短线条（图 249）。

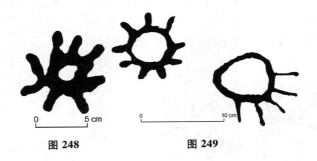

图 248　　　　　　　　图 249

第 250 幅：岩画中表现了一个女人的形象。人的头部和身躯由连接的两个不规则的圆圈形表现。脸部用三个圆点表现了眼睛和嘴部（牙齿），身躯内部用一圆点代表了肚脐。在躯体的下方接连有一个内部有菱形凹痕、外部有双重菱形的图形。该图形应该是代表了女性的阴部。人的双肩上方各有一个圆点，右侧有一个"×"形交叉线条和两个小圆点。耳朵的位置有耳环状的装饰。岩面的左侧有由 6 个接连在一起的圆圈形组成的图像（图 250、插图 24）。

第 251 幅：该岩画中表现了一个极其简略的人形。人头部和发辫为 5 条短线条，双臂为 2 条短线条，双腿为 2 条短线条，男性生殖器则为 1 条短线条（图 251）。

第 252 幅：岩画中表现了一个人的形象。人的头顶有分叉的犄角状饰物，双臂平伸，腿足特征表现明显。有趣的是裆部位置有一条向上延伸的线条，可能表现的是勃起的男性生殖器（图 252）。

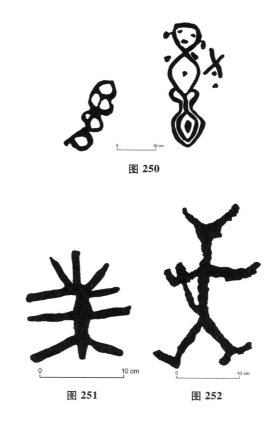

图 250

图 251　　　　　　图 252

第 253 幅：该岩画中只表现了一个用粗线条刻绘的圆圈形（图 253）。

第 254 幅：该岩画中同样表现了一个用粗线条刻绘的大圆圈形（图 254）。

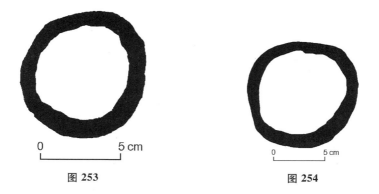

图 253　　　　　　　　　　　　图 254

第 255 幅：该岩画中表现一个由圆形和粗线条组成的勺形图像（图 255）。

第 256 幅：岩画中表现了一个由竖线条和两端略为翘起的横线条所组成的倒"T"字形图像。竖线条的右上方有两个弯曲的短线条（图 256）。

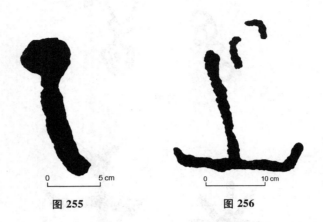

图 255   图 256

第 257 幅：岩面的上方有一个用疏点敲凿的中间有圆点的圆圈像。该图形可能为未完成的图像。其下方有一个用通体刻绘的方式表现的高头大马。马的胸部宽阔、颈部粗大且颈部上方有高高的凸起部分。马的右下方有一个类似于鹿的动物形象。该动物的嘴脸较长，双耳纤细，臀部浑圆，无犄角。高头大马的左下方有一个不好辨识的图像。该图像有点像伫立的像乌鸦等鸟类的形象（图 257）。

第 258 幅：该岩画中刻绘了两个并列的双重圈图像，外圈里的小圆圈均略靠里侧，整体看上去像人的眼睛（图 258）。

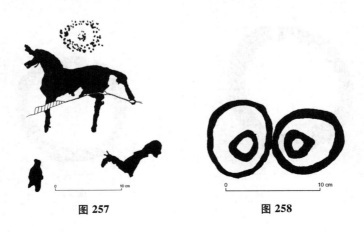

图 257   图 258

　　第 259 幅：该岩画中用单刻线构图法刻绘了一匹头朝岩面右侧的马的
形象。马的耳朵、尾巴和腿部亦用纤细的短线条表现。马的脖子下面有一
个不规则的刻痕，臀部后方有一个椭圆形的小圆圈，马的左上方亦有一个
不规则的凹痕（图 259）。

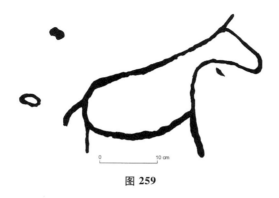

图 259

　　第 260 幅：岩面的中部有两个并排站立的简略人形。其中，右面人形
的头部上方用多个竖立的短线条形象地表现了其发型特征。这两个人的
左、右两侧各有两个顶部为圆圈形，下方接连有竖线条的图像，其中一个
刻绘较为模糊，可能代表了 4 个简略的人形（图 260）。

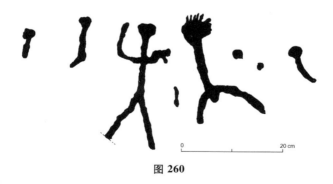

图 260

　　第 261 幅：岩面的左侧是一个内部有大圆点的双重圈同心圆图像。其
右侧是一个内部有圆点的小圆圈。小圆圈的上方有一个不规则的凹痕。岩
面的中部有一个组合图像。该图像的上半部分为一个内部有圆点的双重圈
同心圆图像，且同心圆的外沿有 6 片花瓣形的装饰线条，下半部分则由 3

个不规则的圆圈及多条短线条组成。岩面的右侧亦为一个组合图像。该图
像的中部是一个内部有圆点的圆圈，圆圈的外部则为不规则的凹痕及线条
组成。该图像的整体轮廓像某种动物或腹中胎儿的动物形象（图261）。

图 261

第 262 幅：该岩画中表现了一个双臂由肘部向上弯曲、两腿叉开与地
面上的一条横线接连呈三角形的简略人形。有趣的是在人形的腰际有一条
曲折的细线条，犹如飘带一样呈飘扬状（图262）。

第 263 幅：岩画中表现了一个双臂由肘部向上弯曲、双腿呈"V"字
形叉立的简略人形。比较独特的是在两腿的中间有一条横线条将膝盖部位
连接在了一起，且横线条的下方有一个小的圆点。双臂或腋下位置又各有
一个小圆点。圆形头部的右上方有一个小圆点，左下方有一个不规则的凹
痕。颈部重叠有一个圆圈形（图263）。

第 264 幅：该岩画中表现了一个简略的人形。人形的头部为圆圈形，
颈部和身躯为连续的长线条，腿部特征不详。人的双臂平伸，由肘部向上
弯曲，且每只手上均表现有三根手指（图264）。

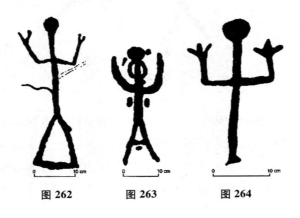

图 262　　　　　图 263　　　　　图 264

第 265 幅：岩画中表现的是一个简略的人形。人的头部为小的圆圈，颈部和躯体为笔直的长线条。腿部呈劈叉状，两腿之间清晰地表现出了男性的生殖器。双臂向上抬起，合拢于头部，总体呈圆圈形（图 265）。

第 266 幅：岩面上只刻绘了一个小的圆圈形（图 266）。

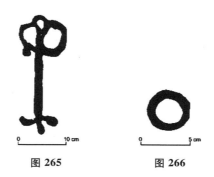

图 265　　　　　　　图 266

第 267 幅：该岩画中表现了由一个竖线条和三个横线条组成的反向的 "E" 字形图像（图 267）。

第 268 幅：岩面上有一个圆环形图形，且圆环的上端接连有一个略呈阿拉伯数字 "7" 形状的细线条，下端则接连有一个像人的双腿似的开口向下的 "∧" 形线条（图 268）。

第 269 幅：岩面上表现的是一个由圆圈和一个像人的双腿似的开口向下的 "∧" 形线条组成的图像（图 269）。

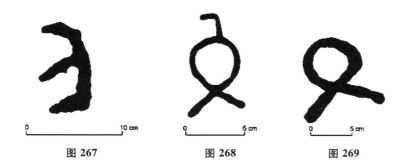

图 267　　　　　　图 268　　　　　　图 269

第 270 幅：刻绘了一只头朝岩面右侧的北山羊图像（图 270）。

第 271 幅：刻绘了一大一小两只头朝岩面右侧的北山羊图像（图 271）。

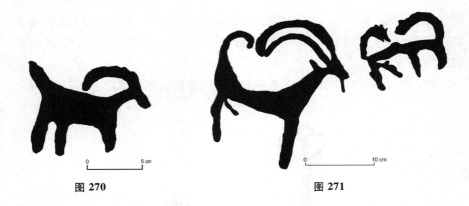

图 270   图 271

第 272 幅：岩画上刻绘了一个动物的尾部、背部后侧及两条后腿部分，为未完成的残缺作品（图 272）。

第 273 幅：岩面的左侧是一个两端粗大、中部稍细、上端呈圆圈形的勺形图像。该图像的右侧有一个两端有短线条的通体刻绘的圆形图像，圆形图像的下端连接有粗短的线条，再下面则连接有一个略呈圆圈的图像（图 273）。

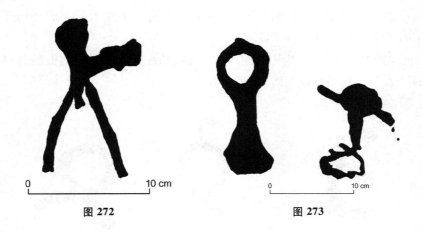

图 272   图 273

第 274 幅：岩面的右上方是一个简略的人形。该人形的头部由圆圈形表示，顶部亦有分为三叉的饰物，圆圈的下边连接有一条表示身躯的较粗的长线条。简略人形的左侧有一个圆圈形，且圆圈的外沿接连有 2 条短线条。圆圈的右侧有 1 条短线条和 2 个小圆点。圆圈的下方有一个外沿连接有 6 条光芒状的短线条的小圆圈，像是表示太阳（图 274）。

　　第 275 幅：该岩画的内容为一个手持弓箭、呈待射状的人像（图 275）。

　　第 276 幅：岩画中表现了一个简略的人形。人的头部为圆形，头部的两侧各有一条长长的辫子状曲线条，颈部和腰部均为细长的线条，胸部有一个很大的椭圆形，腿部呈倒"V"字形，两腿之间用极其夸张的长线条表现了男性特征（图 276）。

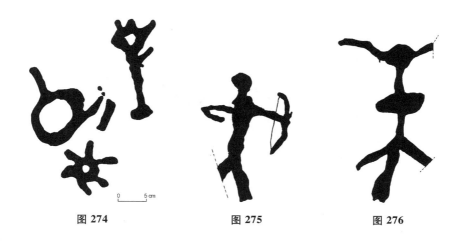

图 274　　　　　　　图 275　　　　　　　图 276

　　第 277 幅：岩画中表现了一个造型较为独特的简略人形。人的颈部上方左、右各有一个头部，左侧的头部用圆圈表示，右侧的头部则由内部为通体磨刻的圆形表现。人的胸部位置有一个横线条，表示短小的双臂。身躯由长线条表示。腿部呈倒"V"字形叉开。该图像的左侧有一个头部有犄角状细线条的又像动物又像人的图像。双头人形的右侧有一个像阿拉伯数字"7"的斧头状的图形。其右侧则是由两个圆圈组成的同心圆图像。岩面的右侧则是两个用粗线条刻绘的外沿有光芒状短线条的圆圈形，可能表示太阳。两个太阳形图像的下方是由 2 条竖线条和 1 条横线条组成的图像（图 277）。

　　第 278 幅：岩面上表现了一个双臂叉腰站立的简略人形（图 278）。

　　第 279 幅：该岩画中刻绘了 3 只北山羊的图像。3 只北山羊均头朝岩面右侧，呈一列前行状，且最前面的明显为公山羊。岩面的右下方有一个不好辨识的动物形象（图 279）。

图 277

图 278　　　　　　　　　　　　图 279

第 280 幅：该岩画中表现了一匹头朝岩面左侧的伫立状的马匹形象（图 280）。

第 281 幅：岩画中表现了一只犄角大而弯曲的北山羊形象。北山羊的头朝岩面的左侧（图 281）。

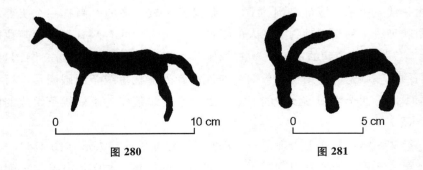

图 280　　　　　　　　　　　图 281

第 282 幅：该岩画中表现的图像较为独特。一个大的弧形线条中又有一个小的弧形，且两个弧形的中部由短线条相连（图 282）。

第 283 幅：该岩画中只表现了一个圆圈形（图 283）。

第 284 幅：该岩画中表现了一个颈部较长、双臂平伸的简略人形（图 284）。

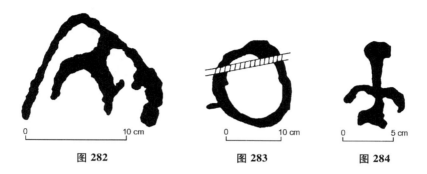

图 282　　　　　　　　图 283　　　　　　　　图 284

第 285 幅：岩面的中部有一个用粗线条刻绘的圆圈，圆圈的内部用十字形分割为四部分，且圆圈的下部接连有三叉状的粗线条，左上方又连接有一个短的竖线条。该图形的周围有 4 条不规则的长、短线条（图 285、插图 23）。

第 286 幅：岩画表现了有 3 处未加刻绘的不规则装饰的动物的躯体部分（图 286）。

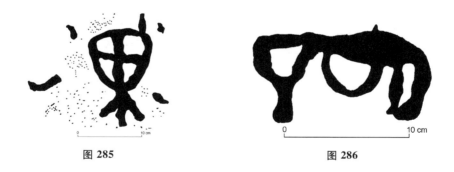

图 285　　　　　　　　　　　　　图 286

第 287 幅：岩面的右上方有一个大的略呈长方形的图形。该长方形的内部有 3 个环形及 2 个不规则的凹痕。其左侧有一个由小圆环和棒槌状的粗线条组成的"勺"状图形。再左下方则是一个有 9 条放射状短线条的太阳形。长方形的下方则是一个由两个圆圈和很多粗线条组成的不好辨认的图像（图 287）。

第 288 幅：岩画中表现了一个简略的人形。该人形双臂平伸，双腿由膝盖处弯曲略呈"M"形，男性生殖器表现明显（图 288）。

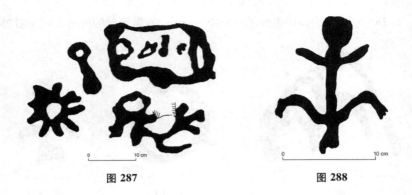

图 287   图 288

第 289 幅：岩画中表现了两个重叠在一起的蹄印图形。蹄印图形的内部亦有几条分割线条（图 289）。

第 290 幅：该岩画由 4 个图像组成，分别为腿部朝岩画左侧、头部朝右侧的人形，左下方头部朝上的小形人像可以清晰地辨认出来（图 290）。

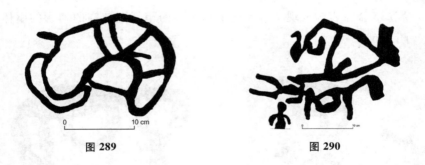

图 289   图 290

第 291 幅：岩画中有一个圆圈形。圆圈的内部有两个圆点，外沿有连接的长短线条。圆圈可能表示人面，两个圆点可能是眼睛（图 291）。

第 292 幅：岩面的左侧为一个大的圆圈和两个短线条。岩面的右侧则有一大一小两个圆圈和一个小的凹痕（图 292）。

第 293 幅：岩面上表现了简略的人形，背部有驮物的动物等较难辨认的图像（图 293）。

第 294 幅：岩面的中部有两个较为独特的人形。两个人形的顶部均有两个圆圈形的发饰或头部，且两人的臀部连在一起。左边人形的左下方连接有一个小的人形。三个人形的周围有很多小的圆点及较大的不规则凹痕。岩面的右上方有一个由 6 条放射状短线条组成的太阳形（图 294）。

图 291　　　　　　　　　　　　　图 292

图 293　　　　　　　　　　　　　图 294

第 295 幅：在岩面的左侧有一个小的圆圈形，岩面的右侧则有一个用粗线条刻绘的不规则图形，且其内部有一个略呈圆形的留白部分未加刻绘（图295）。

第 296 幅：岩面的下部有一个人面像。其上方为有圆形的头部，细长的鸟喙状嘴角的动物的形象。此外，还有一个十字形图形、两条蛇形的曲线条及一些难以辨认的形象。岩面的右下角还有一个像狗的动物形象（图296、插图28）。

第 297 幅：岩画中表现了一个颈部特别长的简略人形。简略人形的旁边有一个小的人形。这些图形的周围有一些难以辨认的图像（图297）。

第 298 幅：岩面的右上方有三个竖排接连在一起的小圆圈。其左侧有一个小圆圈与曲线条连接在一起的蛇形图像。下方为上部有弯钩形线条的像房子一样的图像，及一个"L"形的线条和两个波浪形曲线条（图298）。

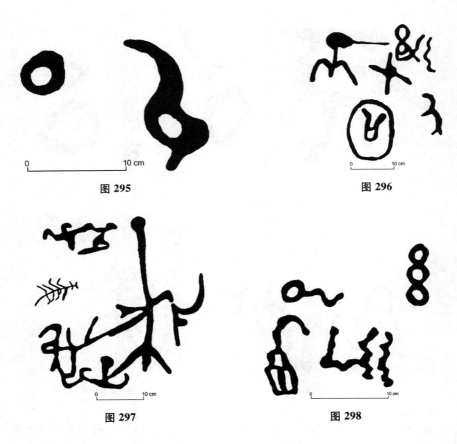

图 295

图 296

图 297

图 298

第 299 幅：岩面上只刻绘了一个简略的人形（图 299）。

第 300 幅：岩面上刻绘了一个下面有小圆圈的倒三角形图像（图 300）。

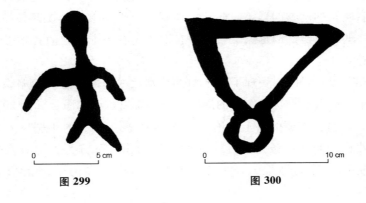

图 299

图 300

　　第 301 幅：在这里共刻绘了 30 多个不同的岩画形象。岩面的最上方有一个蛇形的曲线条、短的弧线、小的凹痕以及通体刻绘的略呈三角形的不规则图形。其下方有一个由 7 条横线条和 2 条竖线条组成的梯形图形，以及钩形线条、像有耳朵的动物头部等图像。其左侧有一个两端有短线条的圆圈形。其下方有一个由圆圈及短线条组成的略呈阿拉伯数字 "9" 的图像及一个弯曲的短线条。岩画的中部有一个不规则的符号状图像。其右侧有两列圆形凹穴痕迹，左面的由 5 个凹穴组成，右面的则由 7 个凹穴组成。其右侧有圆圈形、小圆点、有耳朵的动物头部状图像、弧形短线条、骆驼鼻弓形（"丫"字形）印记符号等图像。岩面的左下方则有一个生殖器表现明显的男人和一个通体磨刻的女人形象。男人的头部上方有三叉状的图形，双臂由肘部向上弯曲，有分叉状的手指。女人则表现为穿着下摆宽大的服饰的样子。两个人的旁边各有一个短的竖线条。两个人形的右侧有一个中间有凹穴的圆圈，即太阳形，圆圈的外侧有 9 条放射状的短线条。太阳形的下方有一条短线条和一条弧形线条。岩面的右下角又有一个简略的人形。人形的头上有可能表示发辫的 5 条放射状的短线条。该人形的双臂平伸，两只手上各表现有三根手指，腹部用通体刻绘的圆形表示。人的左侧有一个三角形，且三角形与人的腹部有短线条相连（图 301、插图 27）。

图 301

第 302 幅：岩面上刻绘了小圆圈、方形等十多个印记符号，以及双臂由肘部弯曲上举的人形等（图 302）。

图 302

第 303 幅：岩画中表现了一个简略的人形。人的头部为圆圈形，且头部的上方又连接有另一个圆圈形。人形的右侧有一个不规则的凹痕（图 303）。

第 304 幅：岩画中表现了并列的一男一女两个简略人形。两个人形之间有一个圆圈形。岩面的右上方有一个不规则的刻绘图像（图 304）。

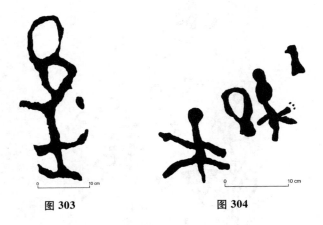

图 303   图 304

第 305 幅：岩面上刻绘了一个双臂平伸、两腿呈劈叉状的人形。人的男性生殖器及睾丸等都表现得很清楚。人形的右侧有一个由圆圈和六条光芒状短线条组成的太阳形。太阳形的下方有一个弯曲的线条（图 305）。

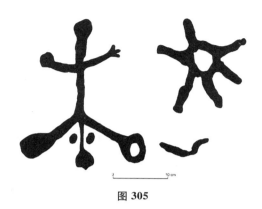

图 305

第 306 幅：岩画中表现了一个没有刻绘完成的动物形象。该动物的头部、颈背部、尾巴及后腿均由粗线条表现（图 306）。

图 306

第 307 幅：岩画中表现了一个头朝岩面右侧的北山羊形象。山羊的右侧有一个十字状形图像（图 307）。

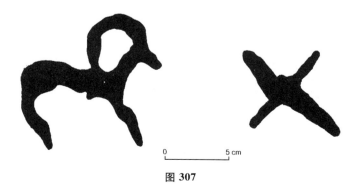

图 307

第308幅：画面中表现了小圆圈、双连圈、十字形、短线条、长线条、弯曲的线条，以及大大小小的凹穴等印记符号或其他图像。此外还刻绘了两个简略的人形图像（图308）。

图 308

第309幅：岩画中表现了一个人的形象。人的头部上方略呈尖角，似狼头，上臂向外伸展，腿部叉开呈马步状，男性特征表现突出。人形的右侧有一个正方形。正方形左下角接连有一条横线，右下角另有一条略为曲折的横向线条（图309）。

第310幅：岩画中刻绘了一个身躯由长线条表现的、梳着两条长辫子的人像。双臂未曾表现，腿部呈劈叉状（图310）。

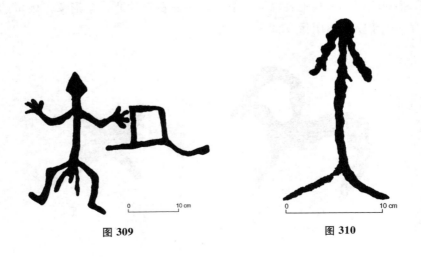

图 309　　　　　　　　　　　　　　　　图 310

　　第 311 幅：岩画上表现了一头背部和尾部用笔直的线条表现的牛形象。该牛的头部硕大，为局部大面积凿磨刻绘。牛的后腿部分用笔直的竖线条表现（图 311）。

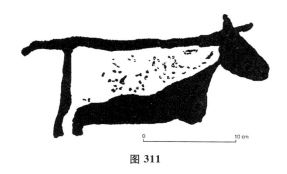

图 311

　　第 312 幅：岩面上刻绘了一个双臂平伸、腿部呈劈叉状的人形。在该人形的左侧，即手臂附近有一大的圆圈形，头部上方有一个通体磨刻的大的圆形（可能表示太阳）（图 312）。

图 312

　　第 313 幅：岩画中表现了三个人面像图形。人的眼睛均为短的斜线条。其中，右侧两个人面像的嘴部则用 "×" 状的交叉斜线表示，且头顶上均有两条笔直细长的犄角状饰物。其上方有一个倒 "U" 形图形，且内部亦有一条横线条。该图形的右侧有一小的圆点。左侧两个人面像的下方有一条不规则的线条（图 313、插图 22）。

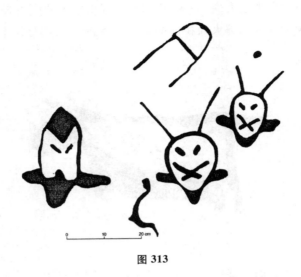

图 313

第 314 幅：岩画中表现了两个简略的人形。其中，左侧人形的头部呈太阳形，圆圈形的头部外侧有 8 条光芒状的短线条。右侧人形的头部为简单的圆圈形（图 314）。

图 314

第 315 幅：岩画中表现了三个太阳的图形。上面的两个太阳的刻绘较为完整，其中左侧的太阳形上有 14 条光芒状的短线条，右侧的太阳形上则有 9 条类似的短线条。下方的太阳刻绘不完整，呈弧线状，且上面有 4 条光芒状的细线条（图 315）。

第 316 幅：岩画中刻绘了一个人形，但刻绘痕迹并不完整。人的头部为圆形，颈部及上身用笔直的粗线条表示，上臂呈平伸状（图 316）。

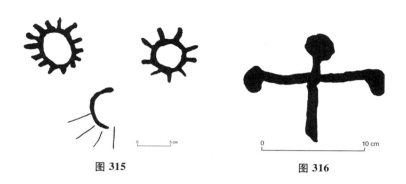

图 315　　　　　　　　　　　图 316

第 317 幅：岩面上刻绘了一个耳朵短小、尾巴翘起的北山羊形象。该北山羊的胸部前方又有两只小北山羊，呈奔跑状。大北山羊的背部上方的粗线条应为其大犄角的刻痕残段（该岩画缺失）。

第 318 幅：该岩画中用通体磨刻的手法表现了一头剪影式造型的野驴形象。野驴的两只长而竖立的耳朵表现得格外显眼，而向上翘起的尾巴却显得略微短小，仿佛尚未刻绘完成。动物的背部上方及胸前刻绘有一些不规则的凹痕（图 317）。

第 319 幅：用单刻线构图法刻绘的马的形象。马的头部朝岩面右侧，尾部及后腿用疏点简略刻绘，颈部下方亦有疏点刻绘的线条（图 318）。

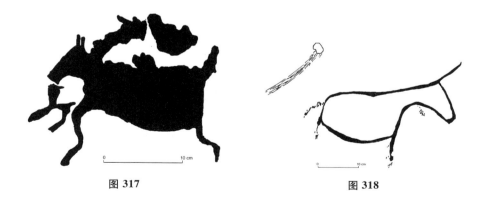

图 317　　　　　　　　　　　图 318

第 320 幅：岩画中表现了一个简略的人形。人的双臂由肘部弯曲上举。人的头部上方有略呈圆形的凹痕（图 319）。

第321幅：为简略人形。人的双臂平伸，腿部叉开，生殖器表现得很明显（图320）。

第322幅：为简略人形。人的头部有扁平的帽饰。另外，用较长的线条夸张地表现了男性生殖器（图321）。

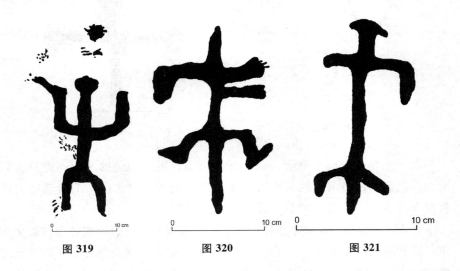

图 319 　　　　　　　　　图 320 　　　　　　　　　图 321

第323幅：岩画中有互相叠压刻绘的四个动物形象。动物的头部均朝岩面右侧。动物图像中有一只有多叉犄角的鹿形象可以清晰辨认（图322）。

图 322

第三章　吉布胡楞特海尔罕山岩画的刻绘内容、风格特点及年代问题

　　吉布胡楞特海尔罕山岩画的所在位置有一个显著特点，即所有岩画均分布于山体半腰以上或近山顶处的岩石上。吉布胡楞特海尔罕山的顶部呈扁锥形，山顶处除了有大小不一的敖包外，东侧还有一座形制结构似赫列克苏尔的大型墓葬遗存，在其右下方有两座纵列的石板墓，封石损坏严重。2002 年对山顶岩画开展制作拓片的工作时，意外发现了大量属于旧石器时代早期的石器遗存，而同时感到有趣的是制作石器所采用的黄色玉石，在当地是稀有的岩石材料。

　　岩画多分布于山体的固定岩石或大型砾石之上，经过数千年的曝晒和风化后，绘刻有岩画的岩石表面变成又黑又亮的黑褐色岩面。这间接说明，多数岩画之所以与山体原始岩面有区别，是因为其形成的时间相对较早。此外，还发现部分岩画在制作时利用了早期岩画的岩面，进行了重复的叠压刻绘的情况。

　　岩画的制作主要采用尖锐工具敲击、凿刻的手段来完成，极少数则是随意乱刮乱刻的晚近时期的岩画作品。

　　从吉布胡楞特海尔罕山岩画的风格特点、刻绘内容来看，并非路人或当地原住居民的无心之作，应与岩画制作时期特定族群的某种风俗习惯有着密切的关联，是有心为之的作品。

　　经调查，人、野兽、动物、印记和符号等岩画多以单体出现，风格特点较为明显的有 30 多处（图 12、图 25、图 26、图 28、图 30、图 39、图 43、图 49、图 52、图 54、图 59、图 82、图 86、图 89、图 94、图 104、图 118、图 120、图 133、图 146、图 195、图 198、图 209、图 227、图 228、图 241、图 301、图 312）。

从刻绘岩画的内容看，风格造型各不相同的人像或人形岩画占据主体地位。人形岩画除了个别的单体刻绘外，多数是以集体双手向上举起的形态出现，呈现出一种向苍天祈祷的姿势。

人　形

吉布胡楞特海尔罕山岩画中数量最多的是人形岩画。我们分别对每处人形岩画进行了详细的统计，共有 171 处，根据人形岩画的刻绘方法及风格特征，可分为以下几个部分。

首先，在所有人形岩画中造像独特的有三根手指的人形特点最为显著。岩画画面中，双腿叉开，呈站立式的人形亦很是特殊（图 10、图 12、图 24、图 55、图 60、图 86、图 95、图 96、图 160、图 199、图 235、图 281、图 305）。这些人形岩画的共同特点在于手臂自肘部向上弯曲，呈上举状；其人体身躯部位以长线条代替；头部直接连接身体，并凿刻为圆形或类圆形凹穴状。

在一处围在一起、面朝彼此的四个人形岩画中，其中三人的姿势为上举有三根手指的手，叉开腿，呈朝天祭拜状，自头部一侧向外伸出一小部位；而另一人头部凿刻为圆形，旁侧也伸有一小部位（图 10）。这幅岩画我们可以理解为是人们对上天及赐予光明之太阳的跪拜、祈祷，其理由是在该岩画的最上端有一处似散发着光芒的太阳的形象，而人们正对着太阳进行某种祭拜活动。这幅岩画独特的风格，为解读相似的人形岩画的刻绘思想和构成，起到了至关重要的启发作用。

有两幅风格特征相似的人形岩画，人的头部呈不规则的圆形，自头部向上有三条线性分支而出的部位。其中一幅人形呈近方形的身躯，短腿自膝盖处弯曲，有明显的男性生殖器，有趣的是在此人头顶上还有一人形，其头戴平顶双耳帽，四根手指细长而呈上举状。另一幅人形岩画，以细长线来表现人的身躯，腿部与身躯相比短且膝盖处呈弯曲状；引人注意的是，为了更加明显地表现肘部的弯曲效果，在双肘下侧添加一小短线；并在此人周围刻绘数量较多的印记和似 9 个太阳照耀的图像，此岩画属吉布胡楞特海尔罕山岩画中面积较大的岩画遗存之一（图 301）。

除此之外，有一幅双手双脚均刻绘三根手指的人形岩画尤其特别。双手自肘部向上弯曲，双腿由膝盖处向两侧弯曲，长线形身躯，圆形头，头部下方两侧各有两个圆圈，其两腿间刻绘圆圈，似乎是象征女性（图12）。从岩画的整体风格来看，在整个画面中此人形的体积大且居于整幅岩画的中心位置，在人形的旁侧刻有各式各样的图形符号，如三角形、四边形、十字形等，十字形岩刻四端处均有圆圈形。此人下方还有一人形，为圆圈头、三根指头不在手上而在脚上，呈祈祷状，两腿间有象征女性生殖特征的椭圆形。

举着有三根手指的手臂向苍天祈祷的人形岩画可视为吉布胡楞特海尔罕山岩画的独创之作。此类造型的岩画在蒙古国境内的其他地方极少发现，特别是像吉布胡楞特海尔罕山岩画发现的数量如此之多、姿态如此多样的，为人形岩画之首例。从这个意义上来讲，吉布胡楞特海尔罕山岩画遗存在蒙古国岩画学研究领域中具有举足轻重的地位。[84]

在蒙古国后杭爱省塔里亚特县楚鲁滕河岩画和南戈壁省诺彦县阿日布吉呼岩画中，发现只有单手上表现有三根手指的岩画。

在手和脚上表现有三根手指的人形岩画在相邻的俄罗斯戈尔诺—阿尔泰边疆区、图瓦共和国、西伯利亚及中国北部和哈萨克斯坦等地区前后完成的调查中均有发现，也常见发表在相关考古书籍及论文中。

在俄罗斯境内南西伯利亚地区的岩画遗存中，有三根指头的人形岩画一直是吸引学者关注的要点。据我们所掌握的资料来看，在戈尔—诺阿尔泰的卡拉帕克—塔什地方、图瓦共和国的克孜勒—马扎拉克村附近的毕齐格图—哈亚岩画中均发现了有三根指头的人形岩画。

卡拉帕克—塔什画中有三根指头的人形岩画虽有明确的调查资料，但在刻绘内容和风格特点上，与吉布胡楞特海尔罕山人形岩画有明显的区别。如卡拉帕克—塔什人形岩画用两种方法勾勒出了有三根指头的人形。尤其是人身上穿戴着带有某种像流苏式的衣襟，且双手上举的姿势极为特别，值得一提。研究该岩画遗址的学者认为此岩画描绘的是一个女巫的形象。[85]吉布胡楞特海尔罕山岩画中穿戴有流苏式衣襟的人形岩画仅发现一处，虽说该岩画同卡拉帕克—塔什、楚鲁滕河以及其他人形岩画一样衣襟均呈下垂状，但在其腰部另刻有6个流苏；其人形上身部位也没有像卡拉帕克—塔什人像岩画那样穿着直、横、三角围线形等服饰，而只是以一条较粗而长的直线来表示其身体。

В. Д. 库巴列夫认为卡拉帕克—塔什岩画中的女巫像，其年代属于新石器时代晚期至青铜时代早期。[86]

卡拉帕克—塔什人像岩画的第二种风格特征是人的身躯以较长单线表示；腿部外撇叉开，呈直立状；手臂自肘部向上弯曲，有三根手指的手臂呈上举状。以上特点虽与吉布胡楞特海尔罕山人形岩画有相同之处，但从腿部位置来看仍存在差异。

使用凿刻法刻绘出有三根手指的人形岩画，在西伯利亚及雅库特红色颜料涂绘的赭绘人形岩画中也相对普遍存在。

А. И. 玛真认为，手、脚上均刻绘有三根指头的赭绘人像岩画，年代应在公元前 2 世纪之前；而雅库特赭绘岩画的研究者 Н. Н. 库其玛热则认为，有三根指头的人形岩画自新石器时代中期就已经出现，至新石器时代晚期为止这种刻绘传统一直在延续。[87]

关于人形岩画的手、脚上表现三根指头的具体含义，专家学者的猜测也各有区别。Е. А. 奥克拉德尼科娃认为："虽将人的三根指头刻绘成爪形，但它与鸟类不存在任何关系，也就是说三根指头与鸟爪间并无任何干系"。[88]而 Н. Н. 库其玛热则认为："在动物或人的形象中，三根指寓意着造物世间的三种力量，即为火、气、水的代表。或者三根指的形象本身亦是大地、世界的象征。"[89]

吉布胡楞特海尔罕山人形岩画中除了刻绘有三根指头的人形外，也有两根、四根、五根指头的人形岩画。

将人形刻绘成各种各样的姿势和形状，是吉布胡楞特海尔罕山岩画的性质特征之一。例如，人像头部除了被凿刻成圆形凹穴状外，另有圆圈形、方形和散射光芒状的太阳形等形象，也较常见头顶刻划有一支、二支或三支线条的形象。

在勾勒出两股辫发女性的部分岩画中（图54、图228），有腹部略大于身躯，或是表示孕妇的形象。虽说表示女性生殖器、繁殖等图案较少见，但为数不多的发现却足以引起关注。如在胸部两侧各凿出一个圆形凹穴（图110）或双腿间凿刻出椭圆形凹穴（图12、图19、图141）。值得一提的是，其中有一幅人形岩画具有独特的风格特征（图19），画面中的女性头部用双重圆圈表示，在圆圈内又刻绘有一个动物或北山羊的形象；头顶中部有一粗角，尖端分叉，两侧为细长角；人像身躯、手臂笔直，曲线腿，膝盖和脚踝部折直角；胸部有两个呈椭圆形凹穴，自身躯两侧伸出的线条为双手；胯下凿有椭圆形凹穴，寓示着女性。截至目前，与该人形相似的岩画在蒙古国及其他地方，乃至中亚地区的岩画遗存中均未曾见过。此岩画从一座方形岩石上侧刻绘至边侧，这种一幅画贯连岩石不同岩面的现象也是极其少见的现象。

研究者表明，与胸部两侧凿刻有圆形凹坑的吉布胡楞特海尔罕山女性人形相媲美的岩画（图110、图250），在后杭爱省楚鲁滕河流域的岩画中也有发现。[90]

吉布胡楞特海尔罕山人形岩画的绝大部分为正视图，也有少数岩画呈现出侧视图的效果。其中较有趣的，如头插三根似羽毛之物，手握某种弯曲物者；手拿似圆形大鼓之物的奔跑者（图154）；欢快的舞者、拉弓射箭者或头戴独特头饰者等。发现的另一幅手握弓箭的人形岩画（图273），对吉布胡楞特海尔罕山岩画的断代提供了至关重要的线索。其原因在于青铜器时代晚期的岩画中携带弓箭，及拉弓射箭打猎者图像较为常见。相互争战之人形岩画在蒙古国乃至中亚地区的岩画中都是较为丰富的。吉布胡楞特海尔罕山岩画中仅发现两处，且其中一幅为晚期岩画，其刻绘、凿痕较新，明显晚于其他岩画的年代。此岩画属于哪个年代？起先有多少游牧人在这雄伟的戈壁山梁活动？所刻划留下的图像是不是他们自身独特智慧、信仰，以及世界观的表达等。对以上系列问题的解答起到了助推作用。也就是说，长时间曝晒于太阳下的黑褐色岩石及其所刻绘的岩画，推断其岩画形成年代与新石器时代或新石器时代至青铜器时代早期有关。

人形岩画常见以单体形象的形式刻绘之外，还发现两处手牵手行走的人形岩画（图36、图56）。手拿某种圆鼓或容器（敲鼓器），腰部佩挂剑式武器。人像头部旁可见隐隐约约的散射形太阳图像（图83、图89、图137、图149、图181），这或许与古人对太阳、苍天的信奉有着紧密关系。又有几幅人形岩画中将人的头部直接刻绘成太阳的形状（图55、图225）。其中，有一幅人形头部被有8道散射状光线之太阳形所代替；另一幅则是有三根手指的臂膀上举呈祈祷状，头部用四重圆圈、外加30道散射形光线的太阳表示，上端又有两根长线向两侧倾斜（图55）。

从我们掌握的资料来看，公元前3世纪末至前2世纪初期的叶尼塞—奥库涅夫文化遗存中，以太阳光线表示人头像的现象较为常见。[91]岩画中利用太阳替代人的头部的现象，应与当时人们对太阳的崇拜和太阳神的象征有关。经考古研究和史料记载得知，古埃及的帕、阿顿等神，从古至今一直受众人的信奉和祭拜。公元前3世纪，不仅在中亚而且在遥远的非洲地区，都有信奉太阳神的铁证。俄罗斯学者 H. A. 博克文科在解释关于太阳的信仰渊源问题时指出：“刻绘的太阳石碑，是关于太阳信仰潮流起源于中亚地区的最有力证据。”[92]

“太阳神”或有太阳形首的人形岩画，在阿尔泰山的卡拉库勒地方[93]、哈萨克斯坦[94]等地也有发现。

双头人形岩画（图 227、图 294）从它的构图方法、蕴涵的意义来讲，可理解为是某种传说或人们抽象思维的一种具体体现。

在西伯利亚、中亚地区的岩画中出现了一种带尾巴的人的形象，引起了人们的关注。

人像岩画腿、脚部位的刻划各不相同，部分岩画将人的脚部勾勒得很明确（图 25、图 75）；有的将脚部刻绘成半圆形或椭圆形（图 146）；或完全不刻绘腿、脚部分（图 316）；或将脚底刻绘成圆环形（图 235）；抑或是将脚部刻绘成有三根脚趾的样子（图 12）。

人形手臂的姿势也不尽相同，手上动作最为典型、数量最多的是双手呈上举状，有少数展开双臂、肘和肩部向下垂及叉腰等动作。甚至也有不绘手臂，仅简单刻绘人的头部和脚部。

手握圆形或环形物体的人像中，物体大多在左手上（图 151、图 224）。类似的岩画在中戈壁省乌力吉图苏木所在地不远处的一条峡谷岩石上，以及后杭爱省巴图臣格勒苏木霍热音乌珠日等岩画中均有发现。[95]

从吉布胡楞特海尔罕山人形岩画的刻绘方式上来看，各时期的人形岩画均有分布。与相邻地区的岩画遗址的对比研究得知，手、脚上有三根指（趾）的人形岩画为年代最早的岩画，其年代应在新石器时代至青铜器时代早期。

根据相关研究情况看，内陆亚洲地区新石器时代至早期青铜器时代的岩画中人的形象是占据主导地位的。吉布胡楞特海尔罕山岩画中以人的形象为主要表现对象的情况，对说明该地区岩画的年代有一定的参考价值。俄罗斯岩画专家 M. A. 德沃里特曾提出“新石器时代至青铜器时代在中亚地区的广袤土地上，开始出现在岩石上刻划人像的现象，并且人像的刻划方法、风格特征相互较为一致，可见创造这些岩画的古人他们在信仰、习俗和传统等方面都有相同之处”的观点。对此，我们也是非常认同的。

人面像

人面像岩画在吉布胡楞特海尔罕山岩画中有着自己独特的风格。共调查发现有 10 幅面具像（人面像）岩画。其中，三幅岩画刻绘在同一座岩石上，面具（人）的眼睛被刻画成斜向、椭圆形、凹穴；面具（人面）两侧各有一条光滑且较短的凸点，或为系于头部而准备的面具系扣；在两幅面具下端，有尖而较短的把手，应是为便于用手拿放而设计；两幅面具（人面）顶部有一对直角；嘴部以交叉线来表示；另一幅面具（人面）嘴部则是自下巴向上凸起。

斜眼人面像岩画在中国阴山岩画中也有发现。[96]略有不同的是阴山岩画中的人面像除了刻绘有眼睛外，不见嘴、鼻。在吉布胡楞特海尔罕山一幅人面像岩画中，脸部线条向下延伸至颈部处，未闭合；顶部略扁，两侧有两个短耳（角），呈斜立状；圆形大眼、三角形小嘴尤其明显。细观之后会发现，该岩画形象与猫头鹰十分相似。位于中央省包日诺尔苏木诺彦乌拉山苏吉格图山谷匈奴贵族 6 号墓葬中出土的一个露顶式围帽。考古学家 Ц. 道尔吉苏荣认为："此类帽或是萨满教的相关物品"。[97]萨满研究者 O. 普日布将此帽与达尔扈特、胡拉尔萨满冠帽进行比较研究后认为："为匈奴时期萨满师作法时佩戴的冠帽"。[98]匈奴时期萨满师冠帽的帽边利用猫头鹰的羽毛来做装饰，这与 20 世纪的蒙古萨满师以猫头鹰羽毛饰冠帽十分相似。[99]此外据发表文章得知，图瓦共和国也发现有猫头鹰羽毛萨满冠顶。由此看来，猫头鹰与萨满习俗自古以来就有着重要的关联，并在萨满师装饰中的冠帽上反复体现，可见吉布胡楞特海尔罕山所发现的猫头鹰形象岩画并非偶然。其余的人面像岩画保存皆不完整，有残缺。其中一幅人面像岩画，只刻画了脸部外围圆形轮廓，内刻双眼（图 151），而双眼的形状又不相同，一只眼凿成凹陷状，另一只眼则是敲刻成圆圈形。在又一幅人面像岩画中，将人面从眼角至下颌部，刻绘成"U"字形，双眼和额头处凿刻出凹陷状浅坑，从额头向下伸出一条长直线，又与横向短线相交叉，以表示十字状的嘴巴（图 203）。部分面具岩画多以刻绘人的眼、嘴、鼻、眉等为代表。如绘有双层浓眉，线形鼻梁自双眉间穿过鼻孔，环形双眼圈，其中一只眼圈内点睛（图 230）；较有趣的是双眼呈双重圆圈形，眼下各伸出一条双线，大嘴，鼻孔明显，额头上有两端粗圆、中间细窄形状陷坑，该面具旁侧有较多的双环或单环（色）形图像（图 120）；下一幅岩画则仅可见双眼、鼻梁和张开的大嘴图像（图 160）。

在岩石上刻绘人面像，与古代人的信仰、风俗习惯、世界观等方面有着密不可分的联系。首先，较明显的是这些人面像岩画与萨满教有着密切的关系。直至现在萨满所佩戴的头饰上面，仍绘制有人的嘴、鼻、眉等脸部特征，与岩画所描绘的面具十分相似。同时这种现象在喇嘛教跳查玛舞者服饰或面具上也有所体现。

近几年的调查、研究，发现在蒙古国西部阿尔泰地区查干萨拉、巴嘎畏吾尔等岩画遗址中有 20 余处人面像岩画。[100]

通过对上述人面像岩画考古学研究成果得知，岩石上刻画人面像的习俗在活动于东亚、中亚、北亚地区的古人日常生活习俗中普遍存在。代表性遗址有俄罗斯图瓦共和国毕吉格提克—哈亚、穆古日—萨日郭勒、阿勒定—木扎嘎，远东地区的萨卡奇—阿梁、希热米特沃；中国境内的贺兰山[101]、阴山、乌兰察布[102]、曼德拉山岩画等。北美洲地区的面具岩画以 E. A. 奥克拉德尼科娃所调查的一些遗址为代表，包括凯普马奇、费恩谷、福特鲁珀特、雷特钱纳鲁（返程谷）、托尔森克里克、坎普贝尔河、基查波因特、费德西亚—因勒特（费德西亚口）等岩画地点。[103]

穆古日—萨日郭勒岩画址所调查的 250 处、阿勒定—木扎嘎岩画址所调查的近 40 处人面像岩画均被 M. A. 德沃里特纳入了学术研究领域，他对此进行了科学报道[104]。他根据人面像岩画的形式、风格、特征等将其分为八个章节。而与吉布胡楞特海尔罕山岩画相同的人面像岩画却极为少见。[105]

А. П. 奥克拉德尼科夫发表了关于阿穆尔河下游地区调查发现的大量人面像岩画的文章。[106]

穆古日—萨日郭勒人面像岩画的主要特点是面具顶部有似牛角形饰件，而吉布胡楞特海尔罕山岩画中所勾勒出的头顶饰件是两条较细的直长线。虽说二者在岩画的刻绘构思和方法上有相同之处，但其风格形式却完全不同。

比较而言，吉布胡楞特海尔罕山人面像岩画典型特征与中亚其他地区的岩画有着较明显的区别，却又与中国北方地区的人面像岩画有着很大的相似之处。如具有代表性的十字形嘴人面像岩画，与中国阴山岩画中的人面像岩画十分相似。[107]穆古日—萨日郭勒第 191 号山岩上的人面像岩画同样刻有十字形嘴。[108]

在人面像岩画中刻绘大小不一、形制不同的眼睛时，之所以将其中一只眼凿成凹陷状、另一只眼刻成圆环形，可以说在创造者的思想意识中蕴涵着某种创作的特殊含义。我们认为，人眼或许是太阳与月亮、光明与黑暗的代表。相同的岩画在吉布胡楞特海尔罕山人面像岩画中也有发现。如单手持环圈、头顶刻圆形的图像，我们同样认为这幅画所呈现给人们的是对日与月、昼与夜、光明与黑暗的幻想描绘。对于人面像眼睛的类似刻绘方法，E. A. 奥克拉德尼科娃在他的作品中表述北美西北沿海地区岩画中也有不少发现。[109]

阿纳蒂先生认为中国贺兰山人面像岩画应是新石器时代的遗存。[110]

蒙古阿尔泰地区发现的人面像岩画年代应是公元前 3 世纪末至前 2 世纪初期，而吉布胡楞特海尔罕山人面像岩画的年代也应归属于这一时期。

北山羊

北山羊岩画在吉布胡楞特海尔罕山所有飞禽、野兽动物岩画中占有较大比例。而在岩画的大小规模、作画技法、风格等方面却各不相同。首先看到的是刻绘动物岩画的两个基本方法，即全身边缘研磨法（图 21、图112、图 187、图 231）和全身通体凿刻法，此外仅发现一例使用坚硬锐器尖部勾勒出的北山羊岩画（图 93）。

犄角是北山羊形象不可缺少的刻绘部位之一，犄角的表现方式是多样化的。其中，既有犄角中部略呈弧线、尖端垂直形（图 94），又有犄角沿背部向后延伸，尾部粗而短直，角尖近背处向上翘起（图 94）等。北山羊角的刻绘多数为单一大弧线形，少数为双角形。对北山羊身躯的表达方式更是变化多端，如生殖器明显，大体型，威武而秀美的两只公北山羊（图139、图 252）。

北山羊身躯既有瘦小者，也有腹部粗壮者（图 94）。北山羊腿有细长形和盘腿形两种，侧位图中可见有两条腿、四条腿（图 94、图 203、图252）和三条腿（图 198、图 291）的北山羊。

从以往的调查、研究及相关著作中，便可发现北山羊岩画是中亚草原地区早期岩画的重要组成部分，甚至可以说中亚草原地区的岩画遗址中就没有未刻绘北山羊形象的遗址。蒙古国各省境内的岩画中均有北山羊岩画。

同吉布胡楞特海尔罕山敲刻全身边缘的北山羊岩画相似的岩画，在乌布苏省纳仁布拉格苏木夏日布拉根昂察[111]、库苏古尔省查干—乌拉苏木布嘎图德勒、布音图音额日格[112]等地也有发现。

中国内蒙古自治区阿拉善盟境内岩画中的一幅北山羊岩画，在凿刻北山羊腿和身体部位的刻绘方法上虽与吉布胡楞特海尔罕山岩画相同，但其腿部和犄角末端的刻绘尚不完整，我们将其年代归属于早期石器时代。[113]

此外，戈尔诺—阿尔泰叶楞嘎希河[114]，中国内蒙古自治区乌兰察布草原[115]、贺兰山[116]、阴山岩画中也有相同的北山羊岩画。

鹿

在吉布胡楞特海尔罕山动物岩画中，鹿形象岩画相对较少，仅发现 9 处。其中，凿刻全身边缘的鹿形象有 2 只，略见前、后腿，鹿角沿鹿身向后延伸，分出 6 个枝权。另 1 只鹿的鹿角略长，粗长颈，不见鹿脚。鹿角的整体绘刻是竖直形，自头顶向后沿鹿身分支而延。此外，在一赤褐色光滑岩石上，刻有前后排列有序的 3 只鹿，制作构思独特，颇有美感。

图 86 中，双鹿呈对视状，在其上侧颠倒的两只鹿形象中，一只鹿以凿刻全身边缘的刻绘方法绘制，颈部至胸部已用双线表示；又有豺狼捕鹿图，场面极为生动（图 227）。部分狍子和鹿形象的岩刻虽然刻绘得不明显或小巧，但从身躯的某种特征上还是可以认定，并归类为此类动物。

吉布胡楞特海尔罕山鹿形象岩画中，不见铁器时代早期广泛分布于中亚草原地区相关的鹿形象岩画。由此可见，其岩画要比吉布胡楞特海尔罕山鹿岩画的年代相对更早一些。

盘　羊

在吉布胡楞特海尔罕山动物岩画中盘羊岩画的数量相对较少，但其刻绘手法有共性。其盘羊的大角向后盘，身弧，无尾。三幅三腿盘羊形象岩画中，两幅刻有双前腿（图 239）、一幅则刻成双后腿。另外，将七只盘羊形象刻绘在一起的盘羊群岩画尤其引人注目（图 26）。

盘羊形象岩画是中亚地区岩画中屡次三番出现的岩画种类，也是比较有地域性特点的主题岩画之一。在蒙古阿尔泰、戈壁阿尔泰和戈壁山区的岩画中盘羊形象岩画广泛分布。[118]

狼、狐狸

在吉布胡楞特海尔罕山数百幅动物岩画中狼和狐狸形象岩画也较常见。狼的形象有身体较长、尾部呈下垂状、腹部细小等较明显特征（图43、图59、图237），也有张嘴式狼图像。值得一提的一幅狼形象岩画中，其狼身使用特殊方法凿刻成方形身躯，大头张嘴式（图98）。另有狼追捕两只狍子岩画（图237），群狼围骑马人岩画（图43）等。狐狸形象岩画仅有一幅，刻绘者为了更加生动地表达狐狸的慢跑状，将狐狸刻划成双竖耳，粗尾，前两腿细于后两腿（图198）。除了狼和狐狸形象岩画外，具备双竖耳、粗长身、细长尾特征的还有一个动物，我们推测可能是一条豹子形象岩画。

牛

牛形象岩画在吉布胡楞特海尔罕山动物岩画中是极其少见的岩画种类之一，共发现9处。两头牛形象（图135、图247）均刻有一对大长角，角尖向下弯曲。其中，一头牛形象（图135）显得挺身气壮，全身通体凿刻，生殖器及颈下两块结较明显，臀顶部也有两块短结，其双线尾巴向上翘起；另一牛形象（图236）是以点凿法勾勒出全身边缘，头和胸部凹陷度较深。类似这种大双角、全身边缘点凿刻的牛形象在中亚地区岩画中丰富多见。如在原阿尔泰卡拉帕克—塔什岩画里发现的一对大角、长尾巴、高脊梁、点凿全身边缘而制的岩画[119]，其牛角特征与吉布胡楞特海尔罕山大角牛形象岩画十分相似。此外，乌斯别克斯坦纳沃伊市附近的卡拉土山萨尔麦西岩画中的牛形象岩画也有与之相似之处。[120]

在米努辛斯克盆地，与奥库涅夫文化相关切尔诺瓦亚8号墓的发掘中，出土过较多刻绘有牛形象图案的板石，其中就有几处牛形象岩画与吉布胡楞特海尔罕山大角牛岩画十分相似。[121]这些刻绘有各种牛形象（公牛）图案的石板，为考证石板岩画的年代问题提供了关键性线索。由此推测，这些岩画的相对年代应该在新石器时代晚期至青铜器时代初期。

吉布胡楞特海尔罕山几幅牛形象岩画，以疏点敲凿形体轮廓的方法制作，但其轮廓模糊不清（图70、图153、图214、图311），也有不见牛角或牛角、牛耳皆不清者。

值得一提的是，其中有一头秃牛，人们将其头部刻绘为双层，制作构思很是有趣。

古人将牛形象刻绘于岩石之上，早在旧石器时代初期就已出现。在蒙古国，科布多省曼汗苏木伊希根陶勒盖岩画和布彦特苏木琴达门哈热乌珠日岩画均属旧石器时代文化遗存。我们将琴达门哈热乌珠日岩画中的牛形象岩画与其他地区岩画比较研究后，认为其年代同样归至旧石器时代。[122] 此外，中石器时代的目昭岩画；新石器时代、青铜器时代、铁器时代早期的查干萨拉、巴嘎维吾尔、陶格陶很希勒、毕其格图、朱米亚郭勒、巴荣毛盖[123]、特伯希山[124]等岩画遗存中均见牛形象岩画。

刻划在岩石上高大威武的牛形象，在蒙古国、中亚地区乃至世界各个角落早已出现，或许自那时起古人及各部落对某种动物，甚至是对牛已产生崇尚或崇拜之现象。在蒙古国境内的东方省塔木苏格布拉格苏木克鲁伦河谷地一处新石器时代聚落遗址周边"殉葬"坑出土的公牛头、牛角等遗物的出土或许能佐证该观点。其发掘研究者 А. П. 奥克拉德尼科夫院士认为："……埋葬动物骨骼之习俗是北亚和中亚地区新石器时代诸部落精神文化的一部分，并与死去动物之来生的拜祭概念有关"。[125]

中亚游牧民族中具有数百年历史的草原第一政权——匈奴帝国，在其艺术文化中对牛形象的吸收较多，且使用范围广，意义重大。如雕有牛或牛头像的青铜腰带饰件，于蒙古国、俄罗斯、外贝加尔和南西伯利亚地区被多次发现，很显然这些是比较重要的装饰品和珍贵物品。从诺彦乌拉匈奴贵族墓葬中出土的雕刻有居高临下牦牛图案的镏金银盘、齿角狮兽斗牦牛装饰的地毯等出土遗物，充分证明匈奴人对牛的崇高敬意。牛在匈奴葬俗礼仪中肩负着重要的任务，如墓主人陪葬牛头的葬俗。代表性匈奴贵族墓葬有特伯希山、额布根图、布尔汗陶勒盖及外贝加尔地区的一些遗存。

中世纪蒙古人的生活习俗中，牛同样肩负重任。如广泛使用牛车载货、载物。

1253 年奉法国路易九世之命，威廉·鲁布鲁克使者拜访大蒙古国可汗，在他的游记里对蒙古地区所见车辆的记载："……蒙古人在大车上搭建帐包……居住……一帐车（搭有帐包的车）由 22 头牛牵动，据车身宽度依次成前后两排，一排各 11 头牛。一位富人茂勒（蒙古人）至少有 100 或 200 辆车。……巴图可汗有 26 位夫人，每一位夫人都有一辆大帐车。……小帐车供丫鬟、服人（仆人）等住宿，这种小帐车有 200 辆"。[126]

可见，牛在中世纪蒙古人经济生活和思想智慧中肩负着十分重要的责任。铁木真在札木合分裂出走时，豁儿赤曰："苍天下凡指示，一头神牛绕转札木合，不停地撞碰他的帐包和牛车，终将一只牛角碰断，之后向札木合索赔它的牛角；而另一头牵帐车的大花秃牛，沿大路跟随铁木真身后叫到：'天地融和，为铁木真的建国伟业，载运送行'言之。"[127]由此可见，苍天以牛的形象下凡，暗示了成为大蒙古可汗之人选。可见牛在当时蒙古人的精神领域中的重要地位。

马

吉布胡楞特海尔罕山岩画中共有 50 余幅马形象岩画，其中 9 幅为骑马者像岩画。

对于马形象岩画的年代，我们认为使用凿刻全身边缘的轮廓式造型方法制作的马形象岩画在其年代上应最早。自旧石器时代开始使用轮廓式造型方法刻绘马、牛等动物，并且此方法被后人世代相传、沿用。吉布胡楞特海尔罕山岩画中使用这种方法制作的马形象岩画有 13 幅，而在造型特征和构图方法上有所不同（图 1、图 27、图 29、图 39、图 68、图 72、图 79、图 188、图 194、图 259、图 317）。其中 4 匹马（图 1、图 72、图 259、图 317）的刻绘与具体形象十分相似，均为鼓腹下垂，短腿，翘尾。而一幅马形象刻绘为驮运状（图 72）。

有一幅马形象岩画之头部和身躯刻绘成线状（图 29），腿部残缺，下垂状大鼓腹，腹内靠胸位置刻有三个圆点。另一幅马形象岩画只刻绘了胸前部及四肢即放弃（图 194）。此外，一匹无腿马，一匹卧马（图 30）；一匹扁腹、竖耳马（图 39）；一匹马的两后腿和一前腿用凿刻边缘的轮廓法刻绘（图 27）；一匹拴在拴马桩上的马形象；等等。这种形象是蒙古国岩画遗存中所特有的（图 79）。

吉布胡楞特海尔罕山马形象岩画主要采取全身通体凿刻和局部点凿出凹槽的刻绘方法制作而成。马形象的刻绘多为长颈状，绘者还非常注重对马耳朵的刻划。多数马形象还被刻绘成细长扁腹形。两匹带有马鞍的马形象岩画中，不仅刻绘有两个鞍鞯，其中一匹马还带有马缰（图 5）。只有三匹马刻绘有四条腿。有一匹马刻绘风格很是奇特，细长的嘴，整齐而竖直的鬃毛，两耳间有一束向前倾且向上折曲的门鬃，颈部细长而高，胸部呈三角形，胸部以整体凿刻法刻绘成凹痕，用线条勾勒出臀部边缘，腹部瘦扁，细长腿。马背上的竖体用多处凿刻点衔接而成（图85）。

一幅站立式马形象头较大，竖耳，粗尾，脊背宽，腹部大而鼓，马之身体内除了保留有三角形空白处外，其余部位均整体刻绘成凹痕（图245）。这匹马的侧下方刻划有一弯弓射箭之人。同在一幅画中，还刻绘有马蹄形印记两个、弓箭一把，及带有三角形烙印、双手三四根指上举的男性形象等。从该岩画的刻绘方法、刻绘形象及岩画的保存状况来看，其形成年代应相对较早。在我们调查研究的琴达门哈热乌珠日[128]、伊希根陶勒盖[129]、布尔干省鄂尔浑苏木巴荣毛盖等岩画中[130]，伊希根陶勒盖岩画与马腹部保留有三角形空白处的岩画相似度最高。

用一条线勾勒出马的头、背和后腿的马形象岩画残品，为了解及弄清楚刻绘马形象岩画时的循序过程具有重要的意义。以上我们提到过吉布胡楞特海尔罕山的马形象岩画中，有6幅骑马者像岩画（图39、图41、图43、图94、图180、图240）。其中，两幅骑马者像岩画（图39）分别以前、后排列，前者头顶似刻划有一对牛角，而后者被刻绘成粗大颈的形象。骑手不仅未鞴鞍，一骑手还佩戴有高长尖顶帽，另一骑手貌似在马背上带有某一物或是双人骑手。不论怎样，从这幅岩画上可以得知当时马镫尚未出现，同时刻划的马形象体型普遍较大。以上特征足以表明，这些岩画应形成于青铜器时代早期。佐证这一观点的另一个依据是，与两幅骑马者像共同出现于画面的一幅马形象，用的是凿刻全身边缘的轮廓式造型方法，张嘴式，双耳交叉状，其腹下有几处圆形凹穴痕迹，这与石器时代象征繁殖寓意非常接近。吉布胡楞特海尔罕山岩画中体现出的象征动物繁殖寓意的刻绘表达方法，直至青铜器时代早期被原生态地传承下来。

在一幅骑马者像岩画中，骑手骑着体态匀称、漂亮的长尾马，头戴盔缨帽（图41），马缰绳较明显，胸前有一圆形球体，马体腹下悬挂有半环形物，为马镫的象征。此幅岩画为吉布胡楞特海尔罕山岩画中唯一刻绘有马镫和马缰的珍贵岩画，在蒙古地区以往进行的考古研究工作中匈奴时期墓葬出土过大量的马具。诺彦乌拉匈奴贵族墓葬出土的众多骑马者刺绣品遗物，可称之为匈奴时期手工艺之杰作。[131]到目前为止，最早的铁马镫出土于肯特省扎尔嘎勒特汗苏木都日利格那日斯匈奴墓葬中。[132]在蒙古语中，"马镫"（Duruu）一词的词根为"door"，喀尔喀蒙古人将穿牛鼻绳称为"Dur"；而巴亚特蒙古人将两头系有绳子的穿鼻细木棍称为"Dur"。总之"Dur"的本意是指用绳子或皮绳制作的口环，或者是两端系有绳子的细木棍式闭环之命名。由此，马镫的最初形状可能是用绳子或皮条制作而成的闭环。

骑马射箭形象岩画有两幅（图43）。其中一幅岩画局部脱落而不见箭弓部位，从保留的人像手势（拉弓形）分析，可以肯定是射箭动作。较特殊的是画面上的骑行者，并非在骑马，而是站在马背上。其他岩画则只把人的上半身刻绘在马背上（图94、图180、图240），或者是单手抓扶着马鬃的骑马者像（图170、图230）。而另外两幅岩画中也有双手自然下垂的人形图像（图94）。

与吉布胡楞特海尔罕山骑马者形象相似的岩画，有南戈壁省诺彦苏木阿日布吉呼岩画;[133]前杭爱省博格德苏木特伯希山岩画;[134]及较为多见的中国阴山岩画。

从吉布胡楞特海尔罕山马形象岩画的形式风格来看，各时期作品存在明显的时代特征，其年代早的为轮廓式造型的新石器时代岩画。经分析我们也大胆提出，马之腹部内有三角形留白造型马形象岩画的创作年代为新石器时代早期，或更早到旧石器时代。

将野生动物驯化成家畜需要数千年连续的漫长历史过程。畜牧业形成过程中气候和环境起到决定性作用。人们在数千年的生存、经营过程中，逐渐了解和掌握了气候、环境变化的规律，及动物的习性，并结合不同动物的特点，用不同方式将其驯化。驯化时或为某个动物单独驯化，或为多个动物集体驯化。对于自然环境、气候条件艰难的蒙古地区而言，杭爱山地①、草原和戈壁地带的牧草储蓄充足，很适合成群驯化动物。Д.策文道尔吉对蒙古地区岩画考古学与民族学遗物进行比较研究后，认为蒙古地区是世界上为数不多的独立驯化牲口的发源地之一,[136]且将野马驯化成为蒙古马。

印记符号

吉布胡楞特海尔罕山岩画中数量相对较多的岩画是各种各样的印记符号岩画。

---

①　杭爱，指有树木、草原植被优良的山甸草原。——译者注

蒙古国境内在以往进行的考古调查发掘成果中,以刻绘于岩石上的印记符号图像较为多见。自古活动于广袤草原地区,世代相承的游牧部落皆以印记、符号来区分,而刻划在岩石上的那些印记符号,正是解决其起源、发展问题的依据。关于氏族印符或徽印的起源方面,学者 X. 普尔列的观点是:"……随着母权制的形成,结合氏族部落内出现劳动分工,完成产品交易时初次使用氏族印符的现象。当时人们为生计而扩散分布,并且为有效地区分与其他氏族部落,使用印符也是一种迫切需求,对氏族印符的发展起到了推动性作用"。[137] Г. 苏和巴特尔认为:"印符并不是个人财产,而是自立的部落印记符号,自远古时期就已出现。"[138]

蒙古地区在以往的调查研究中,发现过较多刻绘有各种印记符号的岩画。如肯特省宾德尔苏木阿尔善哈达有 270 幅;中央省布伦苏木毕其格图乌兰哈达(朝伦浩热特)有 200 幅;戈壁阿尔泰省查干河沿岸有 99 幅,比格尔苏木哈日阿日嘎山有 15 幅;南戈壁省达楞乌拉山乌珠日毕其格图和伊赫毕其格图地方有 68 幅;科布多省达尔维苏木拜兴乌珠日地方的查干陶勒盖山岩上有 13 幅;中戈壁省巴彦扎尔嘎朗苏木摩尔图山有 50 幅印符岩画。此外,与其他类型岩画并存的印符岩画却少有出现。

肯特省阿尔善哈达数百幅印记符号岩画的研究者 X. 普尔列,在他的《从印记符号追溯蒙古人的族源问题》文章中,对印记符号的起源、表述含义、干系、牲畜烙印、其他部落民族印记符号及象形字等相关事项进行综合分析,并与其他地区及相邻国家相关的考古成果进行比较研究,包括刻绘于岩石上、印刻于陶器上的印记符号,或其他考古遗物上出现的印符、象形字等遗存与蒙古地区牲畜烙印进行比较研究。因而这部著作也成为印记符号研究的扛鼎之作。

X. 普尔列将印符总体分为原生型和衍生型两大类 14 种基本类型。

被国外学者称为象征太阳或圆圈形印记符号的形象,在吉布胡楞特海尔罕山岩画中相对多见,据我们统计有 30 幅。除外,旁带短柄的圆圈形图像有 6 幅;双圈形图像有 12 个,其中 6 个内部有圆点或圆形凹穴、3 个带柄,又有一个双圈形图像中刻有十字图案的较为特殊,6 个内部有凹痕的圆圈形中的其中 1 个带柄,也有内部有四个凹痕的重圈图像旁刻有弯月形弓,内部通体刻绘的图形图像 4 个,其中 2 个在印下带把或柄;3 个圆形印记图像刻划有 2～3 条线,其中 2 个呈椭圆形等。印记符号中最为常见的一幅图像是带长柄的圆形印记图像,共有 30 余幅,其中 11 幅为内部通体刻绘的圆圈形图像。其把柄状部分粗细不一，尖端部分有的变细，有的则变粗。被学界和百姓经常称作犄角式圆圈形印的印（即上端有把柄的圆圈形印）也是少有所见。除上述之外，还有月亮状、带耳状、敞露状、带钮状、带腿状等圆圈形印岩画各发现一幅。

圆圈形印是生活于蒙古草原古老氏族部落广泛使用的主要印符之一，这一点从岩画遗存的考古调查研究成果上可以得到证实。这种现象在蒙古人的畜牧生活中以烙印的形式保留，并沿用至今。

圆圈形印以及衍生型印岩画包括阿尔善哈达、毕其格图乌兰哈达、达楞乌拉山的乌珠日毕其格图和伊赫毕其格图地方、达尔维苏木拜兴乌珠日地方的查干陶勒盖山岩、摩尔图、查干河、前杭爱省博格德苏木特伯希山、戈壁阿尔泰省比格尔苏木哈日阿日嘎、后杭爱省塔里亚特苏木苏敏河、巴彦乌列盖省乌兰呼斯苏木哈日牙玛、布尔干省布雷格杭爱苏木乌登图等岩画遗址。圆圈形印沿用至后来成为蒙古人畜牧生活中用在家畜上的烙印，以不同地区不同称呼传承至今也是很有趣的。如车臣汗部孛儿只斤车臣王旗、阿尔泰瓦良哈布七期称之为"那仁"（太阳）；和布克赛尔土尔扈特部落蒙古人称之为"托罗克"；巴尔虎部蒙古人称之为"都贵"（圆圈）；车臣汗部（王公）玛哈苏旗和达里甘嘎①地区称之为"翁绘"（圆圈、圆环）。[139]

X. 普尔列在他的著作中较全面地介绍了周边相邻国家及与蒙古人有关联的古代游牧民族的部落印和户（家畜②）印，并对蒙古国境内考古遗址与家畜烙印符号进行了对比研究，这部著作也成为印符研究方面主要的引用作品。据他整理统计，喀喇—吉尔吉斯（黔嘎斯）宫廷杜拉特氏将圆圈形式称为"敦格勒克"；[140]喀喇—淖盖人称之为"套格热克""肖高绕克"等；[141]土库曼人中的萨日克部族称"查格热格""高格翘"等。[142]具有长柄、短柄、尾状饰、犄角状饰的印记符号，被引用为与喀喇—吉尔吉斯（黔嘎斯）杜拉特氏有密切关联的分支部落、阿卡—诺盖喀喇嘎、哈萨克

---

① 达里甘嘎，又作达里冈爱、达里冈厓，清末民初位于内蒙古锡林郭勒盟与外蒙古车臣汗部、土谢图汗部之间，是清朝最大的皇家牧场，直隶于内务府上马四院。——译者注

② 这里的家畜主要指蒙古人的"五畜"，即马、骆驼、牛、山羊和绵羊。——译者注

人贵族部落中的库热拉斯群体。

中间有圆点的圆圈形印记符号图像在图瓦的穆古日—萨日郭勒又发现[143]。同时，穆古日—萨日郭勒地方也有长柄的勺形印记符号图像[144]。

吉布胡楞特海尔罕山岩画中有很多三角形柄状图像、有环勾状的柄状图像、芒刺状短线条及犄角状图像的印记符号。三角形图像多为等边三角，且在一角有附加线条。有时在三角形的内部有接连在边缘上的短线条。

据 X. 普尔列的报道，与吉布胡楞特海尔罕山岩画中的三角形印记符号在蒙古国的阿尔善哈达岩画、毕其格图乌兰哈达、拜兴乌珠日地方的查干陶勒盖山岩上均有发现。[145]

吉布胡楞特海尔罕山岩画中的另一批印符图像是十字形、单十字形印。共有 5 个单十字形印（X 字形）、6 个十字形（十字架形）印符。较有趣的是其中三个图像四个尖端均刻有环勾。又有一幅十字形符号之画线间，各有三个凿刻点，其在制作构思上很有特点。总的来说，十字形符号被解释为世间四个方向的含义。由此，吉布胡楞特海尔罕山岩画中出现的这些符号图像，是古人通过吉布胡楞特海尔罕山岩画将自己的智慧和世界观表达给后人的一种方式。

阿尔善哈达岩画数百幅印符中十字形印较少见[146]。顺便要提的是蒙古国国内赭绘岩画遗址中出现过大量的 X 形印符，包括后杭爱省扎尔格朗图苏木乌里雅苏台河、都兰乃乌珠日、杜兰努乌珠尔；巴彦洪戈尔省巴彦勒格苏木查干阿贵洞穴、巴彦温都尔苏木萨拉万阿贵洞穴；中戈壁省格日朝鲁；中央省宗莫德苏木和巴彦温珠勒苏木境内的照日格勒海尔罕山；前杭爱省朝胡尔海洞穴①、乌彦嘎苏木肖荣根乌兰哈达；阿尔拜赫雷市南侧的巴嘎鲁日哈达；肯特省宾德尔苏木毕其格图哈达山岩画等。

从民族学物品来看，十字形印在车臣汗部各旗内占 1/5，其他部族、伊赫河市（宗教属地）、伊和沙布、巴尔虎、达里甘嘎等地皆有少量分布[147]。Γ. 苏和巴特尔在记到达里甘嘎十字形印时，称之为"嘎斯"[148]。据 B. A. 米哈伊洛夫采访得知，在 19 世纪末 20 世纪初布里亚特人将十字形印称为"和热斯塔穆嘎"[149]。

①　应指前杭爱省德勒格雷赫县境内的伊赫朝尔海洞穴。——译者注

对于其他印符而言，有"丫"字形、骆驼鼻弓形①、梳形、弯月形、日月形②、弯钩形（"√"形图像）等各种各样的衍生印数量较庞大。

其他内容

在吉布胡楞特海尔罕山岩画中刻绘风格独特、手法特殊的个体岩画较多见，部分岩画很难揭示所表达的内容。包括各种残缺不全、曲折不断的线条；相当数量的圆圈；三角形环扣；杂乱无序的线条图案；人或动物尚不清楚的大面积岩画等。

下面对前面未曾提到的方法精致独特、引人兴趣的部分岩画进行论述。

首先，是坐落于吉布胡楞特海尔罕山山顶处的一块较大方形岩石上的特殊岩画（图52）。这幅岩画中古人所刻划的山形图像应是吉布胡楞特海尔罕山。现实的吉布胡楞特海尔罕山西侧有并列的两座山，而画中将包括吉布胡楞特海尔罕山在内的三连山以俯视图（鸟瞰图）的形式表达得很是引人注目。这幅岩画也是蒙古国境内至今为止特意刻划岩画所在山体的首例，再以俯视图的效果将其表达更是具有特殊的研究意义。

此外，使用全面通体凿刻手法绘制的一幅似三角形山体岩画，图像边缘至顶部点凿出小而短的短线条，及似树木形状，或为山林之效果。但从另一方面考虑，或许此现象所表达的正是周边的山形地貌。与此类似，不知是何形状、何内容的岩画图像（图17、图40、图50、图51、图177、图205、图206）并不少有。

太　阳

放射光线式太阳形岩画在吉布胡楞特海尔罕山岩画中占有重要的地位。共有39幅太阳形岩画，其中图5～图27带有放射光线。对太阳形岩画的刻绘方法多姿多彩。除通体凿刻形太阳图像（图83、图208）外，有中心处有留白造型（图10、图181、图204、图224、图248、图249、图277、图294、图287、图274、图313）；中心处凿刻圆形凹槽形（图42、

---

① "丫"字形下面有横线的图像。——译者注
② 由弯月形和圆形组成的图像。——译者注

图 111、图 117、图 152、图 174、图 301）；双圆圈形（图 231、图 89、图
174）；三层圆圈形（图 147、图 193）；外围三圆圈、中心凹槽形（图
185）；四层圆圈形（图 66、图 232）；等等。放射光线之长短不一。如在
共存的两幅太阳形岩画中，除放射光线偏多的特征与其他岩画有明显区分
外，其中一幅岩画中心处刻绘有 12 层圆圈节。又在二者内部刻划有疑似残
断的直径线。

6 幅单一太阳形（图 42、图 66、图 185、图 204、图 231、图 249）；8
幅与人像岩画并存（图 10、图 83、图 89、图 137、图 181、图 200、图
294）；12 幅与印符岩画共存（图 111、图 117、图 147、图 174、图 208、
图 224、图 232、图 274、图 277、图 287、图 305）；与羚羊（图 193）、无
法辨别图像（图 152）、带印符人像等岩画各有一次并存；2 幅并存双太阳
形（图 258、图 313）等。

与吉布胡楞特海尔罕山放射光线式太阳形岩画相同的岩画，在图瓦共
和国穆古日—萨日郭勒[150]；中国的贺兰山[151]；阿尔泰的叶楞嘎布[152]；
米奴斯克盆地乌斯季图瓦[153]等地均有发现。

从吉布胡楞特海尔罕山岩画的内容、形状、主题风格等方面（图 323～
图 334）而言，单一刻划的人像岩画占主导地位，这不仅体现出该地区岩画
的特殊性，还可以得出吉布胡楞特海尔罕山岩画应是受信仰、习俗影响而形
成的结果。也就是说，吉布胡楞特海尔罕山岩画的创造者在完成某一种祭祀
活动时，将自己所崇拜的人（马、牛、鹿）、猎物、氏族部落之印符等刻绘
于岩石之上。

对于吉布胡楞特海尔罕山岩画的祭祀性质的解释，可从以下几点因素
来分析：

（1）不见具有狩猎题材岩画；

（2）不见反映畜牧业经济的岩画（不计骑马者岩画）；

（3）不见战争题材岩画；

（4）不见任何一只表现骆驼的形象岩画；

（5）呈向上苍祈祷状的人形占主导地位。

综上所述，认为吉布胡楞特海尔罕山岩画年代界限，应在新石器时代
至青铜器时代晚期之间。

图 323

图 324

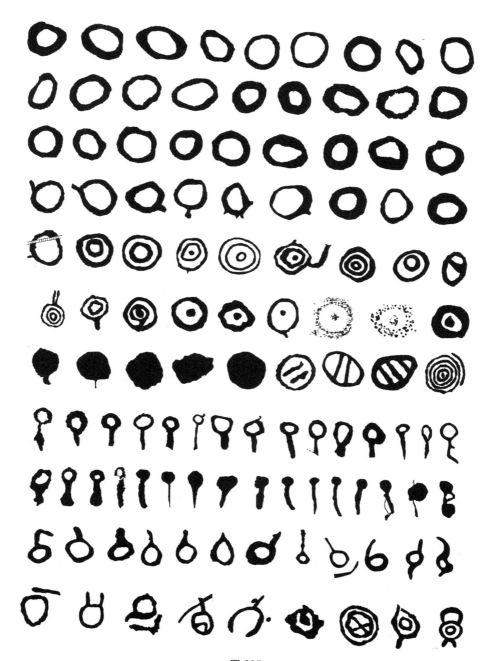

图 325

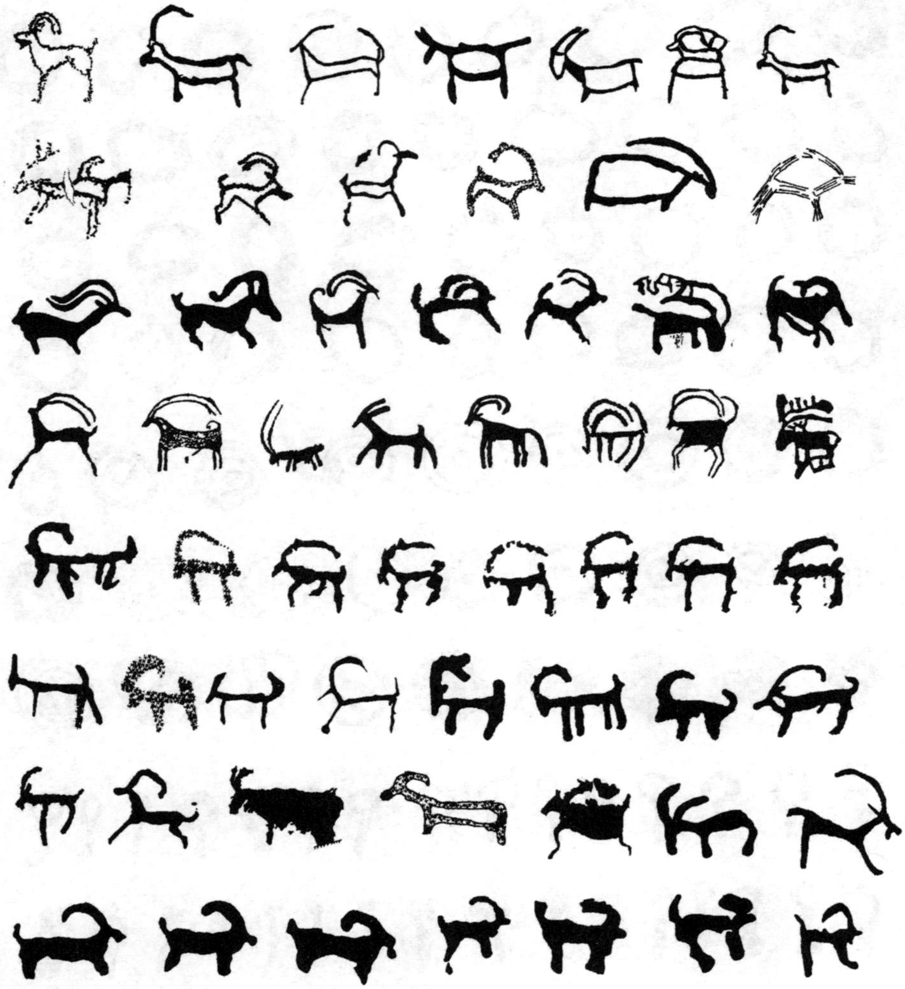

图 326

图 327

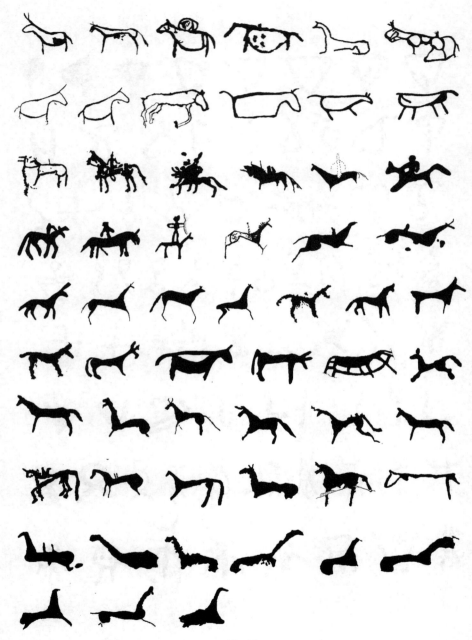

图 328

图 329

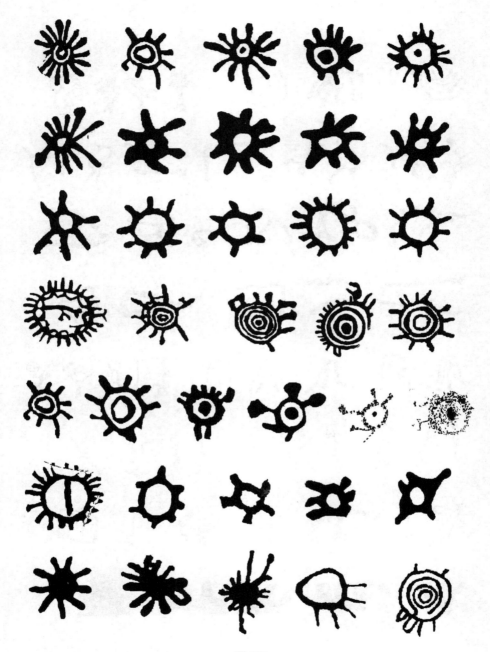

图 330

图 331

图 332

图 333

图 334

注　　释

［1］Цэвэндорж Д. . Гарамжав Д. . Монгол оронд эрт цагт зэс олзворлож
байсан тухай суудалд. Археологийн судлал . УБ. , 1998.

Д. 策文道尔吉、Д. 嘎日玛扎布:《关于蒙古国境内古代开采铜矿问题的研究》,《考古研究》, 乌兰巴托, 1998 年。

［2］Ядринцев Н. М. . Отчет о поздке в Монголии и вершины Орхона.
Изв. Вост. Сиб. Отдела императорского русского географического
общества, Т. XX 4. Иркутск, 1889. Стр 1 – 12.

Н. М. 雅德林策夫:《蒙古和鄂尔浑河上游的旅行笔记》,《俄国地理协会东西伯利亚分会通报》, 第 24 卷, 伊尔库茨克, 1989 年, 第 1 – 12 页。

［3］Ядринцев Н. М. . Отчет и дневник о путешествии по Орхону и в
Южны Хангай в 1891 г. Сб. Трудов Орхонской экспедиции т. V.
СПб. , 1891. Стр. 11 – 12.

Н. М. 雅德林策夫:《1891 年前往鄂尔浑河和杭盖南部的旅行报告和日记》,《鄂尔浑河探险队作品集》, 第 5 卷, 圣彼得堡, 1891 年, 第 11 – 12 页。

［4］Труды Орхонской экспедиции: Атлас древностей Монголии. Вып.
1. СПб. , 1892.

《额尔浑河探险队作品集》:《蒙古古物图集》, 第 1 册, 圣彼得堡, 1892 年。

［5］ Боровка Г. И. . Археологические обследования среднего течения р. Толы. Северная Монголия. 1927. с. 50 – 51，79 – 84.

　　 Г. И. 博罗夫卡：《土拉河中游的考古调查》，《蒙古北部》，1927 年，第 50 – 51、79 – 84 页。

［6］ Вяткина К. В. . Археологические памятники в МНР. Советская Этнография. 1. М. ，1959，с. 93，95，96.

　　 К. В. 维娅特金娜：《蒙古人民共和国的考古遗址》，《苏联民族学》，第 1 期，莫斯科，1959 年，第 93、95、96 页。

［7］ Окладников А. П. . Олень золотые рога. М – Л. ，1964. С. 201 – 211.

　　 А. П. 奥克拉德尼科夫：《金角鹿》，莫斯科—列宁格勒，1964 年，第 201 – 211 页。

［8］ Дорж Д. Писаницы бронзого века Монголии. Археологийн судлал. Т. II. Ф. 2 УБ. ，1963. стр10.

　　 Д. 道尔吉：《蒙古青铜时代的岩画》，《考古研究》，第 2 卷，乌兰巴托，1963 年，第 10 页。

［9］ Намнадорж О. Орон нутгийг судлах экспедицийн замын тэмдэглэлээс. Шинжлэх Ухаан. УБ. ，1953，1. Тал 51 – 55.

　　 О. 纳姆南道尔吉：《地区研究调查组部分记录》，《科学》，乌兰巴托，1953 年，第 51 – 55 页。

［10］ Намнадорж О. . 1953 оны экспедицийн замын тэмдэглэлээс. Шинжлэх Ухаан Техник УБ. ，1954. 1. Тал 81.

　　 О. 纳姆南道尔吉：《1953 年野外调查部分记录》，《科学技术》，乌兰巴托，1954 年，第 81 页。

［11］ Доржсүрэн Ц. . Говь – Алтайн Цагаан голын хадны зураг. Археологийн судлал. Т. II. Ф. II. УБ. ，1963. Тал 16 – 26.

　　 Ц. 道尔吉苏荣：《戈壁阿尔泰省查干河岩画》，《考古研究》，乌兰巴托，1963 年，第 16 – 26 页。

［12］ Доржсүрэн Ц. . 1955 онд Төв баруун аймгуудад археологийн шинжилгээ хайгуулын ажил явуулсан тухай. Эрдэм Шинжилгээний Бичиг，2. УБ. ，1957. Тал 108.

　　 Ц. 道尔吉苏荣：《1955 年在蒙古国中西部省进行的考古调查研究工作》，《学术研究期刊》，乌兰巴托，1957 年，第 108 页。

［13］ Монголын баруун хэдэн аймагт явуулсан археологийн хайгуулын тухай. Шинжлэх Ухаан Техник. УБ. , 1958. 5 – 6，тал 17 – 19.

《关于在蒙古国西部几个省进行的考古调查工作》，《科学技术》，乌兰巴托，1958 年，第 17 – 19 页。

［14］ Монголын баруун хэдэн аймагт явуулсан археологийн хайгуулын тухай. Шинжлэх Ухаан Техник. УБ. , 1958. 5 – 6，тал 19 – 21.

《关于在蒙古国西部几个省进行的考古调查工作》，《科学技术》，乌兰巴托，1958 年，第 19 – 21 页。

［15］ Сэр – Оджав Н. . 1957 онд явуулсан эртний судлалын хайгуулын ажлын тухай. Шинжлэх Ухаан Техник，УБ. , 1958. 5 – 6.

Н. 色尔奥德扎布：《关于 1957 年进行的考古调查研究工作》，《科学技术》，乌兰巴托，1958 年。

［16］ Пэрлээ Х. . Тайхар чулуу. Археологийн судлал，т. I. ф. 4. УБ. , 1960.

Х. 普尔列：《泰哈尔朝鲁》，《考古研究》，乌兰巴托，1960 年。

［17］ Дорж Д. . Монголын хүрлийн үеийн хадны зураг. Археологийн судлал，т. II. УБ，1963，тал 9 – 15.

Д. 道尔吉：《蒙古国青铜时代岩画》，《考古研究》，乌兰巴托，1963 年，第 9015 页。

Дорж Д. ，Новгородова Э. А. . Петроглифы Монголии. УБ. , 1975. ч. II，стр. 6.

Д. 道尔吉、Э. А. 诺夫戈罗多娃：《蒙古国岩画》，乌兰巴托，1975 年，第 2 册，第 6 页。

［18］ Окладников А. П. . Олень золотые рога М – Л，1964，стр. 200.

А. П. 奥克拉德尼科夫：《金角鹿》，莫斯科—列宁格勒，1964 年，第 200 页。

［19］ Окладников А. П. . Олень золотые рога. М – Л，1964，стр. 222 – 225.

А. П. 奥克拉德尼科夫：《金角鹿》，莫斯科—列宁格勒，1964 年，第 222 – 225 页。

［20］ Окладников А. П. . Олень золотые рога. М – Л，1964，стр. 226.

А. П. 奥克拉德尼科夫：《金角鹿》，莫斯科—列宁格勒，1964 年，第 226 页。

Окладников А. П. . Древнемонгольский портрет，надписи и рисунки на скале у подножья горы Богда – Ула. Монгольский археологический сборник, М. , 1962.

А. П. 奥克拉德尼科夫：《博格达—乌拉山脚处岩石上的古代蒙古肖像、铭文和岩画》，《蒙古考古论文集》，莫斯科，1962 年。

[21] Гочоо Ц. , Доржсүрэн Ц. Хөвсгөл аймгийн Улаан уулд хийсэн эртний судалын тэмдэглэл. Археологийн судлал, УБ. , 1963. т. II. Ф. 2.

Ц. 高绰、Ц. 道尔吉苏荣：《库苏古尔省乌兰乌拉苏木境内考古调查研究记录》，《考古研究》，乌兰巴托，1963 年。

[22] Дорж Д. К. вопросу историй изучения наскальных изображении Монголии. Монгольский археологический сборник. Улаан – Yд, 1962. стр. 45 – 54.

Д. 道尔吉：《关于蒙古岩画研究历史的问题》，乌兰乌德，1962 年，第 45 – 54 页。

[23] Волков В. В. , Доржсүрэн Ц. . Ховд аймгийн Манхан сумын нутагт эртний судалын малтлага хайгуул хийсэн тухай. Археологийн судлал. УБ. , 1963. т. II. ф. , 51 – 68.

В. В. 沃耳科夫、Ц. 道尔吉苏荣：《在科布多省曼汗苏木境内进行的考古发掘与调查研究工作》，《考古研究》，乌兰巴托，1963 年，第 51 – 68 页。

[24] Дорж Д. . Тэвшийн хадны зургууд. Археологийн судлал, УБ. , 1965. Т. IV. ф. 2. стр, 3 – 9.

Д. 道尔吉：《特伯希山岩画》，《考古研究》，乌兰巴托，1965 年，第 3 – 9 页。

Окладников А. П. . Петроглифы Центральной Азии Ховд сомон гора Тэбш, Л. 1980.

А. П. 奥克拉德尼科夫：《亚洲中部科布多县特伯希山的岩画》，列宁格勒，1980 年。

Окладников А. П. . Олень золотые рога, М – Л. 1964.

А. П. 奥克拉德尼科夫：《金角鹿》，莫斯科—列宁格勒，1964 年。

[25] Пэрлээ Х. . Монгол түмний гарлыг тамгаар хайж судлах нь УБ. , 1976.

X. 普尔列:《从印记符号追溯蒙古人的族源问题》,乌兰巴托,1976 年。

[26] Сэр - Оджав Н.. Монголын Төв Умарт хэсгийг археологийн талаар судалсан нь. Археологийн судлал. УБ., 1965. т. IV. ф. 1 – 7,тал 59 – 62.

Н. 色尔奥德扎布:《蒙古国中部和北部地区考古研究》,《考古研究》,乌兰巴托,1965 年,第 59 – 62 页。

[27] Эрэгдэндагва Д.. Ховд аймгийн нутаг дахь зарим хад хөшөөний зураг. Археологийн судлал. УБ., 1965. т. IV. ф. 2. Тал 11 – 13.

Д. 额热格登达瓦嘎:《科布多省境内的部分岩画和碑刻图像》,《考古研究》,1965 年,第 11 – 13 页。

[28] Дорж Д., Новогородава Э. А.. Петроглифы Монголии. УБ., 1975. Тал 7.

Д. 道尔吉、Э. А. 诺夫戈罗多娃:《蒙古岩画》,乌兰巴托,1975 年,表 7。

[29] Окладников А. П.. Центрально - Азийтский очаг первобытного искусства. Новосибирск, 1971.

А. П. 奥克拉德尼科夫:《中亚原始艺术的发源地》,新西伯利亚,1971 年。

[30] Шагдарсүрэн Ц.. Тэрэгний зураг. Шинжлэх Ухааны Академийн мэдээ, УБ., 1974, 1. Тал 62 – 69.

Ц. 沙格德尔苏荣:《车辆岩画》,《科学院通讯》,乌兰巴托,1974 年,第 62 – 69 页。

[31] Ренчин Б.. Монгол нутаг дахь хадны бичээс гэрэлт хөшөөний зүйл. Монгол судлал. УБ., 1958. т. XVI, ф. 1.

Б. 仁钦:《蒙古国境内岩刻碑铭遗存》,《蒙古学研究》,乌兰巴托,1958 年。

[32] Дорж Д., Новгородова Э. А.. Дурдсан зохиол. Тал 7.

Д. 道尔吉、Э. А. 诺夫戈罗多娃:《追忆录》,第 7 页。

[33] Сэр - оджав Н.. Монголын археологичид 1968 онд. Шинжлэх Ухааны Акапемийн мэдээ. 12. Тал 54 – 64.

Н. 色尔奥德扎布:《1968 年蒙古考古概况》,《科学院通讯》,乌兰巴托，第 54 – 64 页。

［34］ Сэр – оджав Н. . Баян – Өлгий аймгийн археологийн дурсгалыг судалсан нь. Түүхийн судлал. УБ. , 1970. т. VIII. тал. 17 – 26.

　　　Н. 色尔奥德扎布：《巴彦乌列盖省境内古代文化遗存调查研究》，《历史研究》，乌兰巴托，1970 年，第 17 – 26 页。

［35］ Дорж Д. , Новгородова Э. А. . Дурдсан зохиол，тал 8.

　　　Д. 道尔吉、Э. А. 诺夫戈罗多娃：《追忆录》，第 8 页。

［36］ Дорж Д. , Новгородова Э. А. . Дурдсан зохиол，тал 8.

　　　Д. 道尔吉、Э. А. 诺夫戈罗多娃：《追忆录》，第 8 页。

［37］ Дорж Д. , Новгородова Э. А. . Дурдсан зохиол，тал 8.

　　　Д. 道尔吉、Э. А. 诺夫戈罗多娃：《追忆录》，第 8 页。

［38］ Волков В. В. , Новгородова Э. А. . Археолгические Работы в Монголии. Археологические открытия 1972 года. М. , 1973. стр. 99.

　　　В. В. 沃尔科夫、Э. А. 诺夫戈罗多娃：《蒙古国境内的考古工作》，《1972 年的考古发现》，莫斯科，1973 年，第 99 页。

［39］ Волков В. В. , Новгородова Э. А. . Археолгические Работы в Монголии. Археологические открытия 1973 года. М. , 1973. стр. 536.

　　　В. В. 沃尔科夫、Э. А. 诺夫戈罗多娃：《蒙古国境内的考古工作》，《1973 年的考古发现》，莫斯科，1973 年，第 536 页。

［40］ Шинэхүү М. . Хадны нэгэн сүг зураг, Шинжлэх ухаан амьдрал. 1976. 2. Тал 66 – 68.

　　　М. 希尼夫：《关于一幅岩画》，《科学生活》，1976 年，第 66 – 68 页。

［41］ Дорж Д. . Периодикация наскальных изображении Монголии. Олон Улсын Монголч Эрдэмтдийн II их хурал УБ. , 1973. т. I. тал 173 – 176.

　　　Д. 道尔吉：《蒙古岩画的分期》，《第二届国际蒙古学大会》，乌兰巴托，1973 年，第 1 卷，表 173 – 176.

［42］ Д. Цэвээндорж. , Рецензию на книгу；Д. Доржа, Э. А. Новгородова. . Петроглифы Монголии УБ. , 1975. ч，I，Шинжлэх Ухааны Академийн Мэдээ. УБ. , 1975. 2.

　　　Д. 策文道尔吉：《书评》；

Д. 道尔吉、Э. А. 诺夫戈罗多娃：《蒙古国岩画》，乌兰巴托，1975
年，第 7 页；《科学院通讯》，乌兰巴托，1975 年。

[43] Пэрлээ X. . Монгол түмний гарлыг тамгар хайж судлах нь. , УБ. ,
1976. тал 269.

X. 普尔列：《从印记符号追溯蒙古人的族源问题》，乌兰巴托，
1976 年，第 269 页。

[44] Цэвээндорж Д. . 1975 онд Булган, Хөвсгөл, Архангай аймгийн
нутагт ажилласан МЗТСХЭ – ийн чулуун зэвсэг судлалын ангийн
тайлан. ШУА – ийн Гар бичмэлийн санд буй.

Д. 策文道尔吉：《1975 年蒙苏（蒙古人民共和国和苏联）历史文
化联合考察队石器时代组在布尔干省、库苏古尔省和后杭爱省境内
进行的调查报告》，藏于蒙古国科学院考古所手稿档案室。

[45] Цэвээндорж Д. . Шинээр олдсон хадны зураг. Археологийн судлал.
УБ. , 1977. Т. VII тал 29 – 38.

Д. 策文道尔吉：《新发现的岩画》，《考古研究》，乌兰巴托，1977
年，第 29 – 38 页。

[46] Цэвээндорж Д. . Хадны сийлмэл зургийн шинэ дурсгалууд.
Этнографийн судлал. УБ. , 1976. Т. V. Ф. 5. Тал 73 – 118.

Д. 策文道尔吉：《岩刻画新发现》，《民族学研究》，乌兰巴托，
1976 年，第 73 – 118 页。

[47] Окладников А. П, Цэвээндорж Д. , Конапацкий А. К. , Гричан
Ю. В. . Петроглифы Дэлгэр – Мурена и долины реки Тэс.
Археология и Этнография Монголии, Новосибирск, 1978 стр.
159 – 198.

А. П. 奥克拉德尼科夫、Д. 策文道尔吉、А. К. 科纳帕茨基、Ю. В.
格里乾：《德勒格尔沐伦和特斯河流域岩画》，《蒙古国考古学与民
族学》，新西伯利亚，1978 年，第 159 – 198 页。

[48] Эрэгдэндагва Д. . Янгир ба хадны зургийн тархалт. Археологийн
судлал, УБ. , 1977. Т. VII. Ф. VII. Тал 159 – 198.

Д. 额热格登达瓦嘎：《北山羊与岩画的分布情况》，《考古研究》，
乌兰巴托，1977 年，第 159 – 198 页。

[49] Цэвээндорж Д. . Нэгэн үед хамаарагдмааргүй археологийн дурсгал.

Шинжлэх ухаан амьдрал. УБ., 1977. 6. Тал 70 – 75

Д. 策文道尔吉：《不能确定是同一时期的考古遗存》，《科学生活》，乌兰巴托，1977 年，第 70－75 页。

［50］Пэрлээ Х.. Өвөрхангайгаас олдсон хадны тамган дүрс зураг. "Дүрслэх урлаг", УБ., 1977. 2. Тал 22 – 24.

Х. 普尔列：《前杭爱省境内发现的岩刻印记符号图像》，《造型艺术》，乌兰巴托，1977 年，第 22－24 页。

［51］Пэрлээ Х.. Хадны зураг олдлоо. Соёл, УБ., 1978. 2. Тал 49 – 50.

Х. 普尔列：《发现岩画》，《文化》，乌兰巴托，1978 年，第 49－50 页。

［52］Чогсом Б.. Петроглифын судалгаанд нэмэрлэх. ——Монгол Алтай дахь эртний бугын дүр Археологийн судлал. Т. VII. Ф. 15. УБ., 1979. Тал 94 – 101.

Б. 朝格索木：《岩画研究新发现——蒙古阿尔泰山中的古代鹿形象》，《考古研究》，1979 年，第 94－101 页。

［53］Цэвээндорж Д.. 1979 оны МЗТСХ экспедицийн тайлан. ШУА – ийн Археологийн хүрээлэнгийн гар бичмэлийн санд буй.

Д. 策文道尔吉：《1979 年蒙苏（蒙古人民共和国和苏联）历史文化联合考察队调查报告》，藏于蒙古国科学院考古所手稿档案室。

［54］Цэвээндорж Д.. Хонгиогийн голын хадны зураг. Шинжлэх ухаан амьдрал. УБ., 1978. 3.

Д. 策文道尔吉：《杭古河岩画》，《科学生活》，1978 年。

［55］Окладников А. П., Цэвээндорж Д.. Монголын палеолитын урлагийн шинэ дурсгал. Шинжлэх Ухааны Академийн мэдээ, УБ., 1980. 2 тал 57 – 61.

А. П. 奥克拉德尼科夫、Д. 策文道尔吉：《蒙古国新发现的旧石器时代文化遗存》，《科学院通讯》，乌兰巴托，1980 年，第 57－61 页。

［56］Цэвээндорж Д.. Ишгэн толгойн хадны зураг. Археологийн судлал. УБ., 1982. Т. X. ф. 1982. тал 6 – 21.

Д. 策文道尔吉：《伊希根陶勒盖岩画》，《考古研究》，乌兰巴托，1982 年，第 6－21 页。

［57］ Волков В. В. . Советско － Монгольская экспедиция. "Археоло －
гические открытия 1980 года". М. , 1981. стр 487
В. В. 拉德洛夫：《苏联和蒙古的探险》，《1980 年的考古发现》，
1981 年，第 487 页。

［58］ Наваан Д. . Тэмээний эртний зураг. Археологийн судлал. УБ. , 1982
т. х. ф. 6. тал 96.
Д. 那旺：《古代骆驼形象》，《考古研究》，乌兰巴托，1982 年，第
96 页。

［59］ Окладников А. П. . Петроглифы Центральной Азии. Ховд Сомон
（гора Тэбш）. Л. , 1980. Стр. 270
А. П. 奥克拉德尼科夫：《中亚岩画：科布多苏木（特伯希山）》，
列宁格勒，1980 年，第 270 页。

［60］ Баяр Д. . Ар цохиотын хадны зургийн дурсгал. Археологийн судлал,
УБ. , Т. Х. ф. 1982. тал 74 － 95.
Д. 巴雅尔：《阿日朝合图山岩画遗存》，《考古研究》，乌兰巴托，
1982 年，第 74 － 95 页。

［61］ Окладников А. П. . Петроглифы Чулутын － гола （Монголия）.
Новосибирск, 1981, с 182.
А. П. 奥克拉德尼科夫：《楚鲁滕河岩画（蒙古国）》，新西伯利亚，
1981 年，第 182 页。

［62］ Худяков Ю. С. . Петроглифы Хушуут － Дургун ула. Новосибирск. ,
1982.
Ю. С. 胡佳科夫：《呼谢图·杜尔贡乌拉岩画》，新西伯利亚，
1982 年。

［63］ Окладников А. П. . Петроглифы Монголии. Л. , 1981.
А. П. 奥克拉德尼科夫：《蒙古国岩画》，列宁格勒，1981 年。

［64］ Nowogorodowa E. （Э. А. 诺夫戈罗多娃）. Alte kunst der Mongolei.
Leipzzig. 1960.

［65］ Цэвээндорж Д. . 1981 онд Увс, Хөвсгөл аймагт ажилласан хүрэл
төмөр зэвсгийн дурсгал судлах ангийн тайлан. ШУА － ийн
Археологийн хүрээлэнгийн гар бичмэлийн санд буй.
Д. 策文道尔吉：《1981 年青铜与早期铁器时代组在乌布苏省、库苏

古尔省进行的调查研究报告》，藏于蒙古国科学院考古所手稿档案室。

Цэвээндорж Д . Монголын хүй нэгдлийн урлагийн дурсгал. УБ, 1983.

Д. 策文道尔吉：《蒙古国原始艺术遗存》，乌兰巴托，1983 年。

[66] Цэвээндорж Д . Петроглифы Цахира. Археологийн судлал. УБ. , 1998. Т. XVIII, ф. Б. Тал 56 – 87.

Д. 策文道尔吉：《恰黑尔岩画》，《考古研究》，乌兰巴托，1998 年，第 56 – 87 页。

[67] Цэвээндорж Д . Хад үзүүрийн зураг. Археологийн судлал. УБ. , 1995. Т. XV, ф. 1. тал 3 – 16.

Д. 策文道尔吉：《哈达乌珠日岩画》，《考古研究》，乌兰巴托，1995 年，第 3 – 16 页。

[68] Цэвээндорж Д . . 1982 онд Увс, Хөвсгөл аймагт ажилласан хүрэл төмөр зэвсгийн дурсгал судлах ангийн тайлан. ШУА – ийн Археологийн хүрээлэнгийн гар бичмэлийн санд буй.

Д. 策文道尔吉：《1982 年青铜与早期铁器时代组在乌布苏省、库苏古尔省进行的调查研究报告》，藏于蒙古国科学院考古所手稿档案室。

Цэвээндорж Д . Хар цагаан усны хадны зураг. Монгол – Солонгосын хамтарсан эрдэм шинжилгээ – 4. Сөүл, 1996. Тал 305 – 312.

Д. 策文道尔吉：《哈日查干乌苏岩画》，《蒙韩（蒙古和韩国）联合研究》，首尔，1996 年，第 305 – 312 页。

[69] Цэвээндорж Д . Отчет отряда по изучения памятников бронзового и раннего железного веков ИИ АН МНР за 1983 г. , работавшего на территории Убсануркого, Хубсугульского, Забханского и Булганского аймаков. ШУА – ийн Археологийн хүрээлэнгийн гар бичмэлийн санд буй.

Д. 策文道尔吉：《蒙古人民共和国科学院历史研究所青铜器和早期铁器时代遗址 1983 年研究报告》，藏于蒙古国科学院考古所手稿档案室。

Д. Цэвээндорж, Д. Баяр ба бусад. Монголын нутаг дахь түүх – соёлын дурсгал, УБ. , 1999.

Д. 策文道尔吉、Д. 巴雅尔等：《蒙古国历史文化遗存》，乌兰巴托，1999 年。

［70］ Цэвээндорж Д.. Монголын хүй нэгдлийн урлагийн дурсгал. УБ, 1983.

Д. 策文道尔吉：《蒙古国原始艺术遗存》，乌兰巴托，1983 年。

［71］ Новогородова Э. А.. Мир петроглифов Монголии. М., 1984.

Э. А. 诺夫戈罗多娃：《蒙古的岩画世界》，莫斯科，1984 年。

［72］ Цэвээндорж Д.. Петроглифы из долины реки Хонгино. Музей судлал, УБ., 1986. Т. XI. ф. 13. Тал 100 – 132.

Д. 策文道尔吉：《杭吉诺河流域的岩画》，《博物馆研究》，乌兰巴托，1986 年，表 100 – 132。

［73］ Цэвээндорж Д.. 1986 онд Хүннүгийн археологийн дурсгал судлах ангийн тайлан. ШУА – ийн Археологийн хүрээлэнгийн гар бичмэлийн санд буй.

Д. 策文道尔吉：《1986 年匈奴考古研究队工作简报》，藏于蒙古国科学院考古所手稿档案室。

［74］ Сэр – Оджав Н.. Баянлигийн хадны зураг. УБ., 1987.

Н. 色尔奥德扎布：《巴彦丽格岩画》，乌兰巴托，1987 年。

［75］ Erdely l., Fejes l.. Recently discovered ancient rellcs in Mongolia. Acta Orientalia Academiae Scientarum Hungaria 1987. TXLI（1）pp 75 – 82.

И. 额热德里、И. 费杰希：《蒙古国最近发现的古代遗物》，匈牙利，1987 年，第 75 – 82 页。

［76］ Цэвээндорж Д.. 1989 онд Увс аймгийн археологийн дурсгалын зураг зохиох ангийн тайлан. ШУА – ийн Археологийн хүрээлэнгийн гар бичмэлийн санд буй.

Д. 策文道尔吉：《1989 年乌布苏省考古遗存分布图制作组调查简报》，藏于蒙古国科学院考古所手稿档案室。

［77］ Баяр Д., Эрдэнэбаатар Д.. 1989 оны Баян – Өлгий аймгийн археологийн дурсгалын зураг зохиох ангийн тайлан. ШУА – ийн Археологийн хүрээлэнгийн гар бичмэлийн санд буй.

Д. 巴雅尔、Д. 额尔顿巴特尔：《1989 年巴彦乌列盖省考古遗存分布图制作组调查报告》，藏于蒙古国科学院考古所手稿档案室。

［78］ E. Jacobcon（E. 雅各布森）. Warreios, Charlos, and Theories of Culture. The Deer Goddes of Ancient Siberia a study in the ecology of Bellef selem MA1993.

［79］Баяр Д. . Гурван Мандалын хадны зураг. Археологийн судлал，УБ. ，1996. т. XVI. ф. 7 тал 89 – 102.

Д. 巴雅尔:《古尔坂曼德拉岩画》,《考古研究》, 乌兰巴托, 1996 年, 第 89 – 102 页。

［80］Tseveendorj D. (Д. 策文道尔吉), Bayar D. (Д. 巴雅尔). Kato Sh. ，and others Archeological research report on the joint investigation under the Mongolian and Japanese "Gurvan gol" historic relic project Tokio6 1994. pp. 4 – 17.

［81］Гарамжав Д. ，Баатар Ж. . Мθстийн нуруны хадны зураг. Шинжлэх ухааны амьдрал，УБ. ，4. 1992，Тал 44 – 46.

Д. 嘎日玛扎布、Ж. 巴特尔:《莫斯图音努鲁山岩画》,《科学生活》, 乌兰巴托, 1992 年, 第 44 – 46 页。

［82］Derevjanco A. P. ，Oisen J. ，Tseveendorj D. ，and others. Archeological studies carried out be the joint Russian – Mongolia – American expedition in Mongolia in 1995. Novosibirsk，1996，pp. 327.

А. П. 杰列维扬科、Ж. 奥勒森、Д. 策文道尔吉等:《1995 年俄蒙美蒙古联合考察队开展的考古研究》, 新西伯利亚, 1996 年, 第 327 页。

［83］Jacobson E. (E. 雅各布森), Kubarev V. D. (Д. 库巴列夫), Tseveendorj. (Д. 策文道尔吉). Mongolie du nord – ouest Tsagaan Salaa & baga Oigor. Repertoire des petroglyphs d Asia Centrale，Paris，t. 1，pp 481，t. 2，pp 256 .

［84］Дорж Д. ，Новгородова Э. А. . Петроглифы Монголии. УБ.

Д. 道尔吉、Э. А. 诺夫戈罗多娃:《蒙古国岩画》, 乌兰巴托, 1975 年。

［85］Kubarev V. D. (V. D. 库巴列夫), Jacobson E. (E. 雅各布森). Reportoire des petroglyphes d' asie centrale. Siberie du sud 3: Kalbak – Tash I (卡拉帕克—塔什 I) (Republique de L' Almai) – T. Y. 3，F. 3. – Paris，1996.

［86］Kubarev V. D. (V. D. 库巴列夫), Jacobson E. (E. 雅各布森). Reportoire des petroglyphes d' asie centrale. Siberie du sud 3：Kalbak - Tash I（卡拉帕克—塔什 I）（Republique de L' Almai）- T. Y. 3, F. 3. - Paris, 1996.

［87］ Кочмар Н. Н. . Писаницы Якутии. Новосибирск, 1994.

　　Н. Н. 库其玛热：《雅库特岩画》，新西伯利亚，1994 年。

［88］ Окладникова Е. А. 1987, с. 179. Е. А.

　　奥克拉德尼科娃，1987 年。

［89］ Кочмар Н. Н. . Писаницы Якутии. Новосибирск, 1994.

　　Н. Н. 库其玛热：《雅库特岩画》，新西伯利亚，1994 年。

［90］ Окладников А. П. . Петроглифы Чулутын - гола（Монголия）. Новосибирск, 1981, .

　　А. П. 奥克拉德尼科夫：《楚鲁滕河岩画（蒙古国）》，新西伯利亚，1981 年。

　　Э. А. Новгородова. Мир петроглифов Монголии, Москва, 1984.

　　Э. А. 诺夫戈罗多娃：《蒙古国的岩画世界》，莫斯科，1984 年。

［91］ Вадецкая Э. Б. , Леонтьев Н. В. , Максименков Г. А. . Памятники окуневской культуры. Ленинград, 1980.

　　Э. Б. 瓦杰茨卡亚、Н. В. 列昂季耶夫、Г. А. 马克西缅科夫：《奥库涅夫文化遗存》，列宁格勒，1980 年。

　　Леонтьев Н. В. . Антропоморфные изображения окуневской культуры Сибирь, Центральная и Восточная Азия в древности. Неолит и эпоха металла. Новосибирск, 1978.

　　Н. В. 列昂季耶夫：《奥库涅夫文化的拟人化形象》，载于《古代的西伯利亚、中亚和东亚：新石器时代和金属时代》，新西伯利亚，1978 年。

［92］ Боковенко Н. А. . Солярная символика и крест в Окуневском искусстве. Меудународная конференция по первобытному искусству. Т. II. Кемерова, 2000, - с. 56 - 59.

　　Н. А. 博克文科：《奥库涅夫艺术中的太阳象征和十字架》，载于《原始艺术国际研讨会》，克麦罗沃，2000 年。

［93］ Кубарев В. Д. . Древние росписи Каракола. Новосибирск, 1988.

　　В. Д. 库巴列夫：《卡拉库勒的古代壁画》，新西伯利亚，1988 年。

Кубарев В. Д. . Каракольские сюжеты в нрвых петроглифах Алтая. Проблемы сохранения, использования и изучения памятников археологии Алтая, Горно – Алтайск, 1992. с. 47 – 48.

В. Д. 库巴列夫：《阿尔泰新发现岩画中与卡拉库勒有关的题材》，载于《阿尔泰考古遗址的保护、利用和研究问题》，戈尔诺—阿尔泰斯克，1992 年，第 47 – 48 页。

[94] Марьяшев А. Н. , Рогожинский А. Е. . Наскальные изображения в горах Ешкиольмес. Алма – Ата, 1991.

А. Н. 马里亚舍夫、А. Е. 罗戈津斯基：《叶什基奥尔梅斯山上的岩画》，阿拉木图，1991。

[95] Дорж Д. , Новгородова Э. А. . Петроглифы Монголии. УБ.

Д. 道尔吉、Э. А. 诺夫戈罗多娃：《蒙古国岩画》，乌兰巴托，1975 年。

[96] Ge Shanlin. Petroglyphs in the Yinshan Mountains, Beijing, 1986.

盖山林：《阴山岩画》，文物出版社，北京，1986 年。

[97] Доржсүрэн Ц. . Умард Хүннү, УБ. , 1961

Ц. 道尔吉苏荣：《北匈奴》，乌兰巴托，1961 年。

[98] Пүрэв О. . Монголын бөөгийн шашин. УБ. , 2002.

О. 普日布：《蒙古萨满教》，乌兰巴托，2002 年。

[99] Пүрэв О. . Монголын бөөгийн шашин. УБ. , 2002.

О. 普日布：《蒙古萨满教》，乌兰巴托，2002 年。

[100] Jacobson E. (E. 雅各布森), Kubarev V. D. (Д. 库巴列夫), Tseveendorj. (Д. 策文道尔吉) . Mongolie du nord – ouest Tsagaan Salaa & baga Oigor. Repertoire des petroglyphs d Asia Centrale, Paris.

[101] Jacobson E. (E. 雅各布森), Kubarev V. D. (Д. 库巴列夫), Tseveendorj. (Д. 策文道尔吉) . Mongolie du nord – ouest Tsagaan Salaa & baga Oigor. Repertoire des petroglyphs d Asia Centrale, Paris.

[102] Xu Cheng, Wei Zhong. Petroglyphs in the Helan Mountains, Beijing, 1993.

许成、卫忠：《贺兰山岩画》，文物出版社，北京，1993 年。

Anati E. (E. 阿纳帝) . Helan Shan Arte Rupestre della Cina. Ebizione del Centro. 1994. Italia.

[103] Окладникова Е. А. . Загадочные личины Азий и Америки, Ново –

сибирск，1979.

Е. А. 奥克拉德尼科娃：《神秘的亚洲和美洲人面》，新西伯利亚，1979 年。

［104］Дэвлет М. А. . 1976，1996.

М. А. 德沃里特，1976 年、1996 年。

［105］Дэвлет М. А. . 1976. М. А.

德沃里特，1976 年。

［106］Окладников А. П. . 1971. А. П.

奥克拉德尼科夫，1971 年。

［107］Ge Shanlin. Petroglyphs in the Yinshan Mountains，Beijing，1986.

盖山林：《阴山岩画》，文物出版社，北京，1986 年。

［108］Дэвлет М. А. . Петроглифы Мугур － Саргола. Москва，1980.

М. А. 德沃里特：《穆古日—萨日郭勒岩画》，莫斯科，1980 年。

［109］Окладникова Е. А. . Загадочные личины Азий и Америки，Ново － сибирск，1979.

Е. А. 奥克拉德尼科娃：《神秘的亚洲和美洲人面》，新西伯利亚，1979 年。

［110］Anati E.（E. 阿纳帝）. Helan Shan Arte Rupestre della Cina. Ebizione del Centro. 1994. Italia.

［111］Дорж Д. ，Новгородова Э. А. . Петроглифы Монголии. УБ.

Д. 道尔吉、Э. А. 诺夫戈罗多娃：《蒙古国岩画》，乌兰巴托，1975 年。

［112］Цэвээндорж Д. . Монголын эртний урлагын түүх. УБ. ，1999

Д. 策文道尔吉：《蒙古国古代艺术史》乌兰巴托，1999 年。

［113］Anati E.（E. 阿纳帝）. Helan Shan Arte Rupestre della Cina. Ebizione del Centro. 1994. Italia.

［114］Окладников А. П. . Петроглифы Монголии. Л. ，1981.

А. П. 奥克拉德尼科夫：《蒙古国岩画》，列宁格勒，1981 年。

［115］Ge Shanlin. Petroglyphs in the Wulanchabu Grassland，Beijing，1989.

盖山林：《乌兰察布岩画》，文物出版社，北京，1989 年。

［116］Xu Cheng，Wei Zhong. Petroglyphs in the Helan Mountains，Beijing，1993.

许成、卫忠：《贺兰山岩画》，文物出版社，北京，1993 年。

［117］ Ge Shanlin. Petroglyphs in the Yinshan Mountains，Beijing，1986.

盖山林：《阴山岩画》，文物出版社，北京，1986 年。

［118］ Окладников А. П. . Петроглифы Центральной Азии，1980.

А. П. 奥克拉德尼科夫：《中亚岩画》，列宁格勒，1980 年。

Дорж Д.，Новгородова Э. А. . Петроглифы Монголии. УБ.

Д. 道尔吉、Э. А. 诺夫戈罗多娃：《蒙古国岩画》，乌兰巴托，1975 年。

Археологические исследования Российско - Монголо - Американской экспедиции в Монголии в 1996 г. Новосибирск，1998.

《1996 年俄—蒙—美三国联合考察团关于蒙古的考古调查简报》，新西伯利亚，1998 年。

Археологические исследования Российско - Монголо - Американской экспедиции в Монголии в 1997 - 1998 г. Новосибирск，1999.

《1997 - 1998 年俄—蒙—美三国联合考察团关于蒙古的考古调查简报》，新西伯利亚，1999 年。

［119］ Kubarev V. D. (V. D. 库巴列夫)，Jacobson E. (E. 雅各布森). Reportoire des petroglyphes d'asie centrale. Siberie du sud 3：Kalbak - Tash I (卡拉帕克—塔什 I) (Republique de L'Almai) - T. Y. 3，F. 3. - Paris，1996.

［120］ Шер Я. А. . Петроглифы Средней и Центральной Азии. Москва，1980.

Я. А. 舍尔：《内亚和中亚岩画》，莫斯科，1980 年。

［121］ Вадецкая Э. Б.，Леонтьев Н. В.，Максименков Г. А. . Памятники окуневской культуры. Ленинград，1980.

Э. Б. 瓦杰茨卡亚、Н. В. 列昂季耶夫、Г. А. 马克西缅科夫：《奥库涅夫文化遗存》，列宁格勒，1980 年。

［122］ Цэвээндорж Д. . Монголын эртний урлагын түүх. УБ. ，1999

Д. 策文道尔吉：《蒙古国古代艺术史》乌兰巴托，1999 年。

［123］ Цэвээндорж Д. . Монголын эртний урлагын түүх. УБ. ，1999

Д. 策文道尔吉：《蒙古国古代艺术史》乌兰巴托，1999 年。

［124］ Окладников А. П. . Петроглифы Монголии. Л. ，1981.

А. П. 奥克拉德尼科夫：《蒙古国岩画》，列宁格勒，1981 年。

［125］ Окладников А. П. . 1978. А. П. 奥克拉德尼科夫，1978 年。

［126］ Гильом де Рубрук. Дорнод этгээдэд зорчсон минь. УБ. ，1988.

威廉·鲁布鲁克：《鲁布鲁克东行记》，乌兰巴托，1988 年。

[127] Монголын нууц товчоо. УБ. , 121 – р зүйл, тал 76

《蒙古秘史》，乌兰巴托，1947 年，第 76 页。

[128] Дорж Д. . Новгородова Э. А. . Петроглифы Монголии. УБ.

Д. 道尔吉、Э. А. 诺夫戈罗多娃：《蒙古国岩画》，乌兰巴托，1975 年。

[129] Цэвээндорж Д. . Монголын эртний урлагын түүх. УБ. , 1999

Д. 策文道尔吉：《蒙古国古代艺术史》乌兰巴托，1999 年。

[130] Цэвээндорж Д. . Монголын эртний урлагын түүх. УБ. , 1999

Д. 策文道尔吉：《蒙古国古代艺术史》乌兰巴托，1999 年。

[131] Руденко С. И. . Культура хуннов и Ноинулийнские курганы. Л. , 1962.

С. И. 鲁坚科：《匈奴文化和诺彦乌拉匈奴墓》，列宁格勒，1962 年。

[132] Erdely l. (И. 额热德里). Mongolish – Ungarish archaologishe Fors-
chungen in der Mongolie. Mitteilungen des Archaologischen Institute der
Ungarishen Akademie der Wissenschaften. 4. 1973. Sepratum. Budapest，
1975. Ss. 113 – 118.

[133] Дорж Д. , Новгородова Э. А. . Петроглифы Монголии. УБ.

Д. 道尔吉、Э. А. 诺夫戈罗多娃：《蒙古国岩画》，乌兰巴托，1975 年。

[134] Дорж Д. , Новгородова Э. А. . Петроглифы Монголии. УБ.

Д. 道尔吉、Э. А. 诺夫戈罗多娃：《蒙古国岩画》，乌兰巴托，1975 年。

[135] Ge Shanlin. Petroglyphs in the Yinshan Mountains，Beijing，1986.

盖山林：《阴山岩画》，文物出版社，北京，1986 年。

[136] Tseveendorj D. , 1992.

Д. 策文道尔吉，1992 年。

[137] Пэрлээ Х. . Монгол түмний гарлыг тамгаар хайж судлах нь УБ. , 1976.

Х. 普尔列：《从印记符号追溯蒙古人的族源问题》，乌兰巴托，
1976 年。

[138] Сухобатор Г. (Г. 苏和巴特尔). О тамгах и имах табунов Дариганги.
УБ. , 1960.

[139] Пэрлээ Х. . Монгол түмний гарлыг тамгаар хайж судлах нь УБ. , 1976.

Х. 普尔列：《从印记符号追溯蒙古人的族源问题》，乌兰巴托，
1976 年。

[140] Пэрлээ Х. . Монгол түмний гарлыг тамгаар хайж судлах нь УБ. , 1976.

X. 普尔列:《从印记符号追溯蒙古人的族源问题》,乌兰巴托,1976 年。

[141] Пэрлээ Х. . Монгол тγмний гарлыг тамгаар хайж судлах нь УБ. , 1976.
X. 普尔列:《从印记符号追溯蒙古人的族源问题》,乌兰巴托,1976 年。

[142] Пэрлээ Х. . Монгол тγмний гарлыг тамгаар хайж судлах нь УБ. , 1976.
X. 普尔列:《从印记符号追溯蒙古人的族源问题》,乌兰巴托,1976 年。

[143] Пэрлээ Х. . Монгол тγмний гарлыг тамгаар хайж судлах нь УБ. , 1976.
X. 普尔列:《从印记符号追溯蒙古人的族源问题》,乌兰巴托,1976 年。

[144] Дэвлет М. А. . 1976.
М. А. 德沃里特,1976 年。

[145] Пэрлээ Х. . Монгол тγмний гарлыг тамгаар хайж судлах нь УБ. , 1976.
X. 普尔列:《从印记符号追溯蒙古人的族源问题》,乌兰巴托,1976 年。

[146] Пэрлээ Х. . Монгол тγмний гарлыг тамгаар хайж судлах нь УБ. , 1976.
X. 普尔列:《从印记符号追溯蒙古人的族源问题》,乌兰巴托,1976 年。

[147] Пэрлээ Х. . Монгол тγмний гарлыг тамгаар хайж судлах нь УБ. , 1976.
X. 普尔列:《从印记符号追溯蒙古人的族源问题》,乌兰巴托,1976 年。

[148] Сухобатор Г. (Г. 苏和巴特尔) . О тамгах и имах табунов Дариганги. УБ. , 1960.

[149] Михайлов В. А. . Тамги и метки бурят в конце XIX – первой половине XX вв. Улан – Удэ, 1993.

[150] Дэвлет М. А. . Петроглифы Мугур – Саргола. Москва, 1980.
М. А. 德沃里特:《穆古日—萨日郭勒岩画》,莫斯科,1980 年。

[151] Anati E. (E. 阿纳帝) . Helan Shan Arte Rupestre della Cina//Ebizione del Centro. 1994. Italia.

[152] Окладников А. П. . Петроглифы Монголии. Л. , 1981.
А. П. 奥克拉德尼科夫:《蒙古国岩画》,列宁格勒,1981 年。

［153］ Окладникова Е. А. . Загадочные личины Азий и Америки，Ново −
сибирск，1979.

Е. А. 奥克拉德尼科娃：《神秘的亚洲和美洲人面》，新西伯利亚，
1979 年。

人名、地名及文化名称中外文对照表

一 人名

蒙古国人名

中文	西里尔蒙古文	中文	西里尔蒙古文
Д. 策文道尔吉	Д. Цэвээндорж	Я. 策仁达格瓦	Я. Цэрэндагва
Б. 贡沁苏荣	Б. Гүнчинсүрэн	Д. 嘎日玛扎布	Д. Гарамжав
Т. 孟和巴特	Т. Мөнхбат	Д. 巴扎尔古日	Д. Базаргүр
Н. 巴特宝力道	Н. Батболд	Ц. 宝力尔巴图	Ц. Болорбат
Ж. 钢图拉嘎	Ж. Гантулга	Х. 普尔列	Х. Пэрлээ
Ц. 道尔吉苏荣	Ц. Доржсүрэн	О. 纳姆南道尔吉	О. Намнандорж
Д. 道尔吉	Д. Дорж	Н. 色尔奥德扎布	Н. Сэр – Оджав
И. 伊斯勒	И. Ийсл	Ц. 高绰	Ц. Гочоо
Ц. 沙格德尔苏荣	Ц. Шагдарсүрэн	Б. 仁钦	Б. Ренчин
Д. 额热格登达瓦嘎	Д. Эрэгдэндавга	М. 希尼夫	М. Шинэхүү
Д. 巴雅尔	Д. Баяр	Б. 朝格索木	Б. Чогсом
Д. 额尔顿巴特尔	Д. Эрдэнэбаатар	Д. 那旺	Д. Наваан
Г. 苏和巴特尔	Г. Сүхбаатар	Ж. 巴特尔	Ж. Баатар
О. 普日布	О. Пүрэв	吉尔嘎拉赛汗	Жаргалсайхан
Б. 恩和巴图	Б. Энхбат	阿木古楞	Амгалан

俄罗斯人名

中文	西里尔蒙古文	中文	西里尔蒙古文
Н. М. 雅德林策夫	Н. М. Ядринцев	В. В. 拉德洛夫	В. В. Радлов
Г. И. 博罗夫卡	Г. И. Боровка	С. В. 吉谢列夫	С. В. Киселев
К. В. 维娅特金娜	К. В. Вяткина	В. В. 沃耳科夫	В. В. Волков

续表

中文	西里尔蒙古文	中文	西里尔蒙古文
А. П. 奥克拉德尼科夫	А. П. Окладников	А. П. 杰列维扬科	А. П. Деревянко
Э. А. 诺夫戈罗多娃	Э. А. Новгородова	А. И. 玛真	А. И. Мазин
Ю. С. 胡佳科夫	Ю. С. Худяков	Н. А. 博克文科	Н. А. Боковенко
А. К. 科纳帕茨基	А. К. Конапацкий	Э. Б. 瓦杰茨卡亚	Э. Б. Вадецкая
Н. В. 列昂季耶夫	Н. В. Леонтьев	Н. Н. 季科夫	Н. Н. Диков
Г. А. 马克西缅科夫	Г. А. Максименоков	В. Д. 库巴列夫	В. Д. Кубарев
Ю. В. 格里乾	Ю. В. Гричан	Д. В. 切列米辛	Д. В. Черемисин
Н. Н. 库其玛热	Н. Н. Кочмар	А. Н. 马里亚舍夫	А. Н. Марьяшев
М. А. 德沃里特	М. А. Дэвлет	А. Е. 罗戈津斯基	А. Е. Рогожинский
В. А. 米哈伊洛夫	В. А. Михайлов	В. Д. 扎波罗日斯卡亚	В. Д. Запорожская
Е. А. 奥克拉德尼科娃	Е. А. Окладникова	Я. А. 舍尔	Я. А. Шер
Э. А. 斯科雷妮娜	Э. А. Скорынина	Г. 巴加耶娃	Г. Багаева
С. И. 鲁坚科	С. И. Руденко	科瓦列	Кавель
А. И. 马丁诺夫	А. И. Мартынов		

中国人名

中文	西里尔蒙古文 （英文）	中文	西里尔蒙古文 （英文）
盖山林	Ге Шан лин / ГайШан лин （Ge Shanlin / Gai Shanlin）	许诚	Шү Чэн （Xu Cheng）
		卫忠	Ви Зүн （Wei Zhong）

其他人名

中文	西里尔蒙古文 （英文）	中文	西里尔蒙古文 （英文）
Ж. 米拉高里塔	Ж. Мираголита （J. Miragolita）	罗伯特·马丁·费里德兰德	Р. Фрийдлэнд （Robert M. Friedland）
И. 额热德里	И. Эрдели （I. Erdeli）	Е. 阿纳帝	Emmanuel Anati
И. 费杰希	И. Фежеси （I. Fejesi）	D. 泽格列	D. Seglie
Ж. 奥勒森	Ж. Олсен （J. Olsen）	А. 卡瓦列拉	A. Cavallera
Е. 雅各布森	Е. Якобсон （E. Jacobson）	毗伽可汗	Билгэ Каган
保罗·切尔	П. Чээр （Paul Chare）	阙特勤	Культегин
查尔斯·福斯特	Ч. Фостер （Charles Forster）	巴图可汗	Бат Хаан
约翰·范德·布肯	Ж. Ван де Бюкен （John Van de Buken）	威廉·鲁布鲁克	Гильом де Рубрук

二 地名

蒙古国地名

省 市

中文	西里尔蒙古文	中文	西里尔蒙古文
乌兰巴托市	Улаанбаатар хот	阿尔拜赫雷市	Арвайхээр хот
科布多市	Ховд хот	中央省	Төв аймаг
南戈壁省	Өмнөговь аймаг	科布多省	Ховд аймаг
前杭爱省	Өвөрхангай аймаг	戈壁阿尔泰省	Говь – Алтай аймаг
布尔干省	Булган аймаг	后杭爱省	Архангай аймаг
乌布苏省	Увс аймаг	库苏古尔省	Хөвсгөл аймаг
中戈壁省	Дундговь аймаг	巴彦洪格尔省	Баянхонгор аймаг
肯特省	Хэнтий аймаг	巴彦乌列盖省	Баян – Өлгий аймаг
东方省	Дорнод аймаг		

苏木（县）

中文	西里尔蒙古文	中文	西里尔蒙古文
布伦苏木（中央省）	Бүрэн сум	温都尔桑图苏木（后杭爱省）	Өндөрсант сум
温都尔希雷特苏木（中央省）	Өндөрширээт сум	伊赫塔米尔苏木（后杭爱省）	Их Тамир сум
塔里亚特苏木（中央省）	Тариат сум	塔里亚特苏木（后杭爱省）	Тариат сум
宗莫德苏木（中央省）	Зуунмод сум	扎尔嘎朗图苏木（后杭爱省）	Жаргалант сум
包日诺尔苏木（中央省）	Борнуур сум	巴图臣格勒苏木（后杭爱省）	Батцэнгэл сум
达辛其楞苏木（布尔干省）	Дашинчилэн сум	博格德苏木（前杭爱省）	Богд сум
布嘎特苏木（布尔干省）	Бугат сум	科布多苏木（前杭爱省，现博格德苏木）	Ховд сум（одоогийн Богд сум）
布雷格杭爱苏木（布尔干省）	Бүрэгхангай сум	德勒格雷赫苏木（前杭爱省）	Дэлгэрэх сум
鄂尔浑苏木（布尔干省）	Орхон сум	乌彦嘎苏木（前杭爱省）	Уянга сум
车勒苏木（戈壁阿尔泰省）	Цээл сум	巴图乌力吉图苏木（前杭爱省）	Бат – Өлзийт сум

苏木（县）			
中文	西里尔蒙古文	中文	西里尔蒙古文
纳兰苏木（戈壁阿尔泰省）	Наран сум	宗巴彦乌兰苏木（前杭爱省）	Зүүнбаян Улаан сум
钱德曼苏木（戈壁阿尔泰省）	Чандмань сум	呼吉尔特苏木（前杭爱省）	Хужирт сум
吞黑勒苏木（戈壁阿尔泰省）	Тонхил сум	汗包格德苏木（南戈壁省）	Ханбогд сум
比格尔苏木（戈壁阿尔泰省）	Бигэр сум	诺彦苏木（南戈壁省）	Ноён сум
朝格特苏木（戈壁阿尔泰省）	Цогт сум	乌力吉图苏木（中戈壁省）	Өлзийт сум
达布斯特苏木（乌布苏省）	Давст сум	巴彦扎尔嘎朗苏木（中戈壁省）	Баянжаргалан сум
西图伦苏木（乌布苏省）	Баруунтуруун сум	达尔维苏木（科布多省）	Дарив сум
塔里亚朗苏木（乌布苏省）	Тариалан сум	布彦特苏木（科布多省）	Буянт сум
那兰布拉格苏木（乌布苏省）	Наранбулаг сум	阿尔泰苏木（科布多省）	Алтай сум
乌列盖苏木（乌布苏省）	Өлгий сум	额尔德尼布伦苏木（科布多省）	Эрдэнэбүрэн сум
萨吉勒苏木（乌布苏省）	Сагил сум	曼汗苏木（科布多省）	Манхан сум
纳仁布拉格苏木（乌布苏省）	Наранбулаг сум	乌音其苏木（科布多省）	Үенч сум
宗杭爱苏木（乌布苏省）	Зүүнхангай сум	巴特希雷特苏木（肯特省）	Батширээт сум
维吾尔苏木（巴彦乌列盖省）	Уйгур сум	扎尔嘎勒特汗苏木（肯特省）	Жаргалтхаан сум
布嘎特苏木（巴彦乌列盖省）	Бугат сум	宾德尔苏木（肯特省）	Биндэр сум
巴彦温都尔苏木（巴彦洪格尔省）	Баян - Өндөр сум	车车尔勒格苏木（库苏古尔省）	Цэцэрлэг сум
扎尔嘎朗图苏木（巴彦洪格尔省）	Жаргалант сум	布伦陶格陶赫苏木（库苏古尔省）	Бүрэнтогтох сум

续表

苏木（县）			
中文	西里尔蒙古文	中文	西里尔蒙古文
巴彦勒格苏木（巴彦洪格尔省）	Баянлиг сум	查干乌拉苏木（库苏古尔省）	Цагаан – Уул сум
乌兰呼斯苏木（巴彦乌列盖省）	Улаанхус сум	巴彦海尔汗苏木（扎布汗省）	Баянхайрхан сум
塔木苏格布拉格苏木（东方省）	Тамсагбулаг сум		

岩画地点

中文	西里尔蒙古文	中文	西里尔蒙古文
辉特曾赫尔洞穴	Хойт Цэнхэрийн агуй	伊希根陶勒盖	Ишгин толгой
琴达门哈热乌珠日	Чандмань хар үзүүр	哈达乌珠日	Хад үзүүр
阿尔善哈达	Рашаан хад	查干萨拉河	Цагаан салаа гол
巴嘎畏吾尔河	Бага Ойгорын гол	吉布胡楞特海尔罕山	Жавхлант хайрхан
乌兰哈达	Улаан хад	毕其格图乌兰哈达	Бичигт улаан хад
哈内河	Хануй гол	伊赫阿拉格山（伊勒阿雷克）	Их Алаг（Ил – Алык）
都尔伯勒斤	Дөрвөлжин	特很格日	Тэхийн гэр
特伯希山	Тэвш уул	嘎楚日图阿姆	Гачууртын ам
罕给戴哈达	Хангидайн хад	查干河	Цагаан гол
策策格图音阿姆	Цэцэгтийн ам	毕其格图哈达	Бичигт хад
伊赫朝尔海洞穴	Их Цоорхойн агуй	肖荣根乌兰哈达	Шурангын улаан хад
呼和霍特林—陶斯特沃特格	Хөх хөтлийн Тост Өтөг	布嘎腾阿姆	Бугатын ам
泰哈尔朝鲁	Тайхар чулуу	塔格图	Тагт
查干朝鲁	Цагаан чулуу	伊赫腾格里阿姆	Их Тэнгэрийн ам
陶勒吉根包姆	Тольжгийн боом	宝日额布德格	Бор өвдөг
巴嘎巴外	Бага Баавай	乌音根乌珠日	Уянгын үзүүр
阿斯楞腾—沃布勒杰	Аслантын өвөлжөө	布嘎苏嘎图	Буга Согоот
牙曼乌苏	Ямаан ус	海尔罕山	Хайрхан уул
猛都希	Мөндөш	巴戈嘎扎仁朝鲁	Бага газрын чулуу
查干艾日格	Цагаан айраг	阿日布吉呼	Аравжих
哈日艾日根—毕其格图陶勒盖	Хар айргийн Бичигт толгой	特门呼珠因阿姆	Тэмээн хүзүүний ам

续表

中文	西里尔蒙古文	中文	西里尔蒙古文
毕其格图阿姆	Бичигтийн ам	特门朝伦阿姆	Тэмээн чулуун ам
巴彦乌列盖	Баян Өлгий	毛哈尔	Мухар
伊赫阿斯嘎图	Их Асгат	巴荣毛盖	Баруун могой
沁贡扎布因茂纳	Цэнгүүнжавын муна	呼和丁敖包	Хүүхдийн овоо
茂都太陶勒盖	Модтой толгой	珠然乌兰哈达	Зураагийн улаан хад
那仁陶勒盖	Наран толгой	诺热莫图音乌苏	Нурамтын ус
朝鲁特河	Чулуутын гол	辉特乌珠日	Хойт үзүүр
呼和哈达	Хөх хад	阿拉格朝鲁	Алаг чулуу
伊和日	Ихэр	呼谢图 （又名呼谢图四山）	Хөшөөт （Хөшөөт дөрвөн уул）
布嘎图	Бугат	呼达孙乃奥瑞	Хуудасны орой
伊黑热浩硕	Ихэр хошуу	阿日朝合图	Ар цохиот
敖鲁盖图	Олгойт	苏敏河	Суман гол
巴彦布拉格	Баянбулаг	阿玛尔河	Амарын гол
阿玛尔河巴荣胡术	Амарын голын баруун хошуу	阿玛尔河珠恩胡术	Амарын голын зүүн хошуу
阿里尔河	Аларын гол	都热勒吉	Дөрөлж
达根河	Даагийн гол	乌里雅苏台河	Улиастайн гол
都兰乃乌珠日	Дулааны үзүүр	百特	Байт
谷尔阪陶勒盖	Гурван толгой	特日木哈达	Тэрэм хад
温赫勒策格	Үнхэлцэг	伊赫萨日	Их сар
托莫热朝日格	Төмөр цорго	额亨呼珠布其	Эхэн хүзүүвч
目昭	Можоо	布加	Бужаа
恰黑尔	Цахир	哈日嘎纳图	Харганат
哈日纳日图	Хар нарт	图夏特	Тушаат
哈木图	Хамуут	哈热浑定纳仁	Хар хөндийн наран
敦达突如根—谷热本陶勒盖	Дунд Тургын гурван толгой	纳林德勒	Харийн дэл
宗突如根—特热木哈达	Зүүн Тургын тэрэм хад	查干沃特格	Цагаан өтөг
哈日查干乌苏	Хар цагаан ус	乌兰敖包乃恩格尔	Улаан овооны энгэр
塔林乌华根阿齐	Талын ухаагийн ац	冬根乌拉	Дүнгээн уул

中文	西里尔蒙古文	中文	西里尔蒙古文
吐蕃德乌拉	Түвд уул	伊赫都兰乌拉	Их Дулаан уул
乌登图	Үүдэнт	沃布根特	Өвгөнт
霍托勒沃特格	Хөтөл өтөг	肖布格尔扎热	Шовгор зараа
辉厅乌珠日	Хойтын Үзүүр	伊赫布勒干	Их Булган
阿日查博格达山	Арц Богд	哈日赛仁阿姆	Хар Сайрын ам
哈日盖腾—毕力齐日	Харгайтын бэлчир	牙玛腾—塔夏拉根—额黑	Яамаатын Ташлагын эх
吉嘎拉乌拉	Загал уул	巴彦勒格	Баянлиг
呼仁哈达乃乌珠日	Хүрэн хадны үзүүр	巴嘎乌力吉图乌拉	Бага Өлзийт уул
乌勒登厅奥瑞	Үлдэнтийн орой	呼和陶勒盖	Хөх толгой
夏日布拉格	Шар булаг	陶格陶很希勒	Тогтохын шил
哈日德林乌珠日	Хар дэлийн үзүүр	夏日布拉根昂察	Шар булгийн онц
莫都亭哈日黑亚日	Модтын хар хяр	亚叙尔	Яшуур
高勒扎图	Гулзат	哈日乌珠日	Хар үзүүр
达留嘎纳	Далиугана	巴雅德赛	Баядсай
查干阿贵洞穴	Цагаан агуй	萨拉厅阿贵洞穴	Саальтын агуй
哈日乌拉	Хар уул	哈日乌苏	Хар ус
查干乌苏	Цагаан ус	哈如勒陶勒盖	Харуул толгой
布嘎图德勒	Бугат дэл	霍热音乌珠日	Хөрөөгийн үзүүр
朱米亚郭勒	Зумъяа гол	布音图音额日格	Буянтын эрэг
哈日阿日嘎	Хар аараг	朝伦浩热特	Чулуун Хороот
乌珠日毕其格图	Үзүүр бичигт	达楞乌拉山	Далан уул
拜兴乌珠日	Байшин үзүүр	伊赫毕其格图	Их бичигт
哈日牙玛	Хар ямаа	查干陶勒盖	Цагаан толгой
照日格勒海尔罕山	Зоргол хайрхан	格日朝鲁	Гэр чулуу
哈珠根乌拉	Хажуугийн уул	巴嘎鲁日哈达	Баглуур хад
扎布斯尔乌拉	Завсар уул	德勒乌拉	Дэл уул
珠恩茂都	Зуун мод	伊赫都热勒吉	Их Дөрөлж
帕鲁	Паалуу	莫斯图音努鲁山	Мастийн нуруу
毕其格图	Бичигт	摩尔图	Мөрт
其它地名			
中文	西里尔蒙古文	中文	西里尔蒙古文
奥尤陶勒盖山	Оюу толгой	牙玛图乌拉山	Ямаат уул

续表

中文	西里尔蒙古文	中文	西里尔蒙古文
赫楚乌兰	Хэцүү улаан	查干苏布尔嘎	Цагаансуварга
吉勒图郭勒河	Зэлтийн гол	额很郭勒河	Эхийн гол
鄂尔浑河	Орхон гол	柴达木湖	Цайдам нуур
和硕柴达木	Хөшөө Цайдам	呼舒柴达木	Хөшөө Цайдам
额尔德尼召	Эрдэнэ зуу	巴彦温都尔山	Баян – Өндөр уул
百岔河	Байц гол	希博尔图音阿姆	Шивэртийн ам
色楞格河	Сэлэнгэ мөрөн	阿尔泰山脉	Алтай нуруу
土拉河	Туул гол	肯特山脉	Хэнтий нуруу
诺彦乌拉	Ноён уул	杭爱山脉	Хангайн нуруу
克鲁伦河	Хэрлэн гол	苏吉格图山谷	Сүжигтийн ам
都嘎纳哈达	Дугана хад	阿尔泰山脉	Алтайн нуруу
逊哈来山	Шунхлай уул	达里甘嘎（又作达里冈爱、达里冈崖）	Дарьганга

<h2 align="center">俄罗斯地名</h2>

中文	西里尔蒙古文	中文	西里尔蒙古文
戈尔诺—阿尔泰（边疆区，俄罗斯）	Уулын Алтай（Горно – Алтай）	图瓦（图瓦共和国，俄罗斯）	Тува
西伯利亚（俄罗斯）	Сибирь	卡拉帕克—塔什（戈尔诺阿尔泰边疆区）	Калбак – Таша
克孜勒—马扎拉克村（图瓦）	Кызыл – Мажалак тосгон	毕吉格提克—哈亚（图瓦）	Бижигтик – Хая
萨哈（雅库特）共和国（俄罗斯）	Республика Саха（Якутия）	叶尼塞河（俄罗斯）	Енисей мөрөн
卡拉库勒（图瓦）	Каракол	阿勒定—木扎嘎（图瓦）	Алды – Мозага
穆古日—萨日郭勒（图瓦）	Мугур – Саргол	希热米特沃（俄罗斯远东）	Шереметьево
叶楞嘎希河（戈尔诺阿尔泰边疆区）	Елангаш гол	米努辛斯克盆地（俄罗斯）	Минусын хотгор
		萨卡奇—阿梁（俄罗斯远东）	Сакачи – Алян

中国地名

中文	西里尔蒙古文	中文	西里尔蒙古文
贺兰山	Хелан（Алшаа）уул	阴山	Иншан（Муна）уул
乌兰察布	Улаанцав	曼德拉山	Мандал уул

其他国家地名

中文	西里尔蒙古文	中文	西里尔蒙古文
纳沃伊市（乌兹别克斯坦）	Навой хот	卡拉套山（乌兹别克斯坦）	Каратау уул
萨尔麦西（乌兹别克斯坦）	Сармыш	凯普马奇（北美）	Кейп Мьюдж（Cape Mudge）
费恩谷（北美）	Вэнн Пэссадж（Venn Passage）	福特鲁珀特（北美）	Форт Рупэрт（Forte Rupert）
雷特钱纳鲁/返程谷（北美）	Ретёрн Ченнэл（Return Channel）	托尔森克里克（北美）	Торсен Крик（Torsen Crick）
坎普贝尔河（北美）	Кемпбелл гол（Campbell River）	基查波因特（北美）	Кича Поинт（Kicha Point）
费德西亚—因勒特/费德西亚口（北美）	Феодесия Инлет（Feodesia Inlet）		

三 考古学文化及遗存名

中文	西里尔蒙古文	中文	西里尔蒙古文
赫列克苏尔	Хиргисүүр	石板墓	дөрвөлжин булш
鹿石	Буган хөшөө	阙特勤功德碑	Кул - тегиний гэрэлт хөшөө
希博尔图音阿姆石板墓	Шивэртийн амны дөрвөлжин булш	特门呼珠因阿姆石板墓	Тэмээн хүзүүний амны дөрвөлжин булш
都日利格那日斯匈奴墓	Дуурлиг нарсны хүннү булш	诺彦乌拉匈奴墓地	Ноён уулын хүннүгийн оршуулгын газар
切尔诺瓦亚 8 号墓	Черновая VIII булш	奥库涅夫文化	Окуневын соёл

附录　插图部分

插图 1

插图 2

插图 3

插图 4

插图 5

插图 6

插图 7

插图 8

插图 9

插图 10

插图 11

插图 12

插图 13

插图 14

插图 15

插图 16

插图 17

插图 18

插图 19

插图 20

插图 21

插图 22

插图 23

插图 24

插图 25

插图 26

插图 27

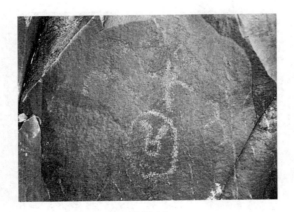

插图 28

插图 29

插图 30

插图 31

插图 32

插图 33

插图 34

插图 35

插图 36

插图 37

插图 38

插图 39

插图 40

插图 41

插图 42

插图 43

插图 44

插图 45

插图 46

插图 47

插图 48

插图 49

插图 50

插图 51

插图 52

插图 53

插图 54

插图 55

插图 56

插图 57

插图 58

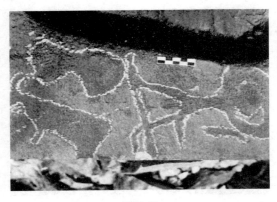

插图 59

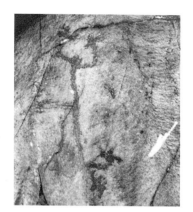

插图 60

插图 61

插图 62

插图 63

插图 64

Introduction

Mongolia is one of the ancient lands where human beings inhabited, since as early as about eight hundred and fifty thousand years agoThis country boasts a rich source of archaeological findings of Paleolithic to Mesolithic Age and it is proved by numerous archaeological studies that have taken place in the last one hundred years.

Petroglyph is a monument of intellectual culture reflecting the trace of the ancient inhabitants of MongoliaIt has invaluable scientific and research importanceMongolia is a home of never – ending source of petroglyph.

According to Mongolian and foreign scientists who conducted research on the petroglyphs in North Tsenher Cave, Ishgin Tolgoi, Chandman Khar Uzuur, Khad UzuurRashan Khad and other sites of Mongolia, they match the time when petroglyphs first developed in other countries such as France, Spain, Portugal and ItalyIn other words, the development of petroglyph in Mongolia began during Upper PaleolithAnd therefore, researchers agreed that "Mongolia is one of the original places where art was rooted".

However, about a hundred sites of petroglyph have been found on the territory of Mongolia, most of which belong to Bronze or Iron Age.

From 1995 to 2000, a joint team of scientists from Mongolia, Russia and USA discovered and conducted research on a collection of approximately ten thousand compositions of petroglyphs from Tsagaan Salaa and Baga Uigur River basin in Bayan Ulgei aimagThis collection now stands as one of the biggest in the world.

In 1998 a geologist DGaramjav brought us Paleolithic stone tools, Bronze

Age stone mallet and beaters that were found in the territory of Oyu Tolgoi and its neighboring areas, Khan Bodg soum, Umnogobi aimak. These tools were used by ancient people to mine copper oreThese tools are very important archaeological facts related to the Mongolian ancient production history thus we have tightly researched them and published a special scientific article①Since then Oyu Tolgoi of Khan Bogd soum has attracted a great attention of archaeologists and scientists.

In 2001 he informed us there might be archaeological facts in the area of major copper research works of "Ivanhoe Mines Mongolia Inc" company in the territory of Khanbogd soum, Umnogobi aimakSoon in 2002 we conducted the first archaeological surveys on ancient copper mines of Bronze Age period that was revealed in the exploitation area of the company according to the arrangement with John van de Buken, the vice president of the company.

DGaramjay has revealed petroglyphs made by ancient people and found in javkhlant Khairkhan Mountain located at 17 km in the northwest of Oyu Tolgoi and he has showed us the place personallyBy the natural structure Javkhlant Khairkhan is a usual Mongolian Gobi mountain, but it is higher than neighboring mountainsThere are two small mountains flowed one another in the west and a wide steppe in the south, old river basin and gravelsThat is why; it is special among the neighboring mountainsThat is why, the local resident and herders respect the mountain as a "Khairkhan".

As the mountain is highly respected by the local residents pray theObo at the top due to ancient traditionYou can see it from the petroglyphs made by ancient peopleAt the top rocks of the Javkhlant Mountain, there are over 200 petroglyphs describing humans and animals.

One petroglyph of Javkhlant Mountain includes from few to several pictures and every petroglyph is special by its design and meaningWe have researched and photographed and made a hand script copy of Javkhlant Khairkhan's petroglyphs when we were working there in summer of 2002.

Javkhlant khairkhan rocks became shiny brown due to sun shinefor many

---

① Цэвээндорж Д, Гарамжав Д, Монгол оронд эрт цагт зэс олзворлож байсан тухай асуудалд. // "Археологийн судлал" УБ, 1998тал thousand yearsThe rock is very hard, so the above petroglyphs are carved in thin surface.

The petroglyphs in Javkhlant Mountain, where we conducted a special research, is distinguished from the above mentioned ones by some unique characters and appearances and is a rare historical artifact.

Most of the compositions here display humans, masks, the sun, brands and signs rather than animals, hunting scenes, cattle, men on horse, camel or ox, horse cart, and battle which make the main part of petroglyphs of other sitesIt is an evidence that the petroglyphs in Javkhlant Mountain is related to ritual or religious ceremony.

As humans, animals, the sun and other items are mainly displayed in Javkhlant Mountain, the time of creation may go back to Eneolithic Period, the transitional period from the Stone Age to the Bronze Age.

Eneolithic Period covered a relatively short period of time both in Mongolian and the world history and there arent many relics related to the periodAccordingly, the petroglyphs in Javkhlant Mountain possess a scientific importance for the study of the mental development of humans of Eneolithic PeriodOne example is, the three mountains that make Javkhlant Mountain complete is displayed on a rock as seen from aboveThis suggests of an idea that mapping has begun in Mongolia during Eneolithic Period.

Most of Javkhlant Khairkhan ´s petroglyphs are located at its top side. We numbered the pictures from the left, had a scientific definition and took photographs and copies.

Dear readers and researchers, we don, t accidentally attract your attention to the petrochemistry and geochemistry features of the contents and structure of the formationIf you continue future research and surveys you can reveal ancient mines /place of mines during the Bronze Age/ in that area of copper mineralizationAccording to the metallurgy facts research, you can find out the resource of tin, beryl, aluminum, flints and other metals in the ingredients of bronze during the transition period from Eneolithic period to Bronze AgeOur research field Javkhlant Mountain and its petroglyphs are located in the centre of the same named rock massive, Granite stones are cut by porphyries and basalt dykes mostly tended to the northwestUnder its formation sphere, it was usually enriched with lines tending to the north and eastIt approves that the research field was the main placed reflected by the tectonic forcesNo matter readers or researchers you may be, you will admire the satellite map of Javkhlant MountainAccording to the satellite map you can see that Javkhlant Mountain consists of three parts stretched from southeast to northwestAlso you can see that it expanded at above mentioned three parts through the basalt dykesEspecially Javkhlant Mountain became a channel of volcano eruptionYou can see the volcano eruption from a photo Nr52 of the book.

Also you can see that the top of this surrender ancient worshipped mountain is flat, maybe, slightly hollowed; there are two big constructions like ancient grave, a big Obo mighty built by modern people, and another grave located just under the OboIt seemed the mountain was a place of great civilizationThere are sites of copper melting at 1. 0 km in the north, at 1. 6 and254 km in the northwest from Javkhlant Mountain; a copper mine, stone tools, a copper melting site at 9. 0 km in the northwest.

The most interesting is that there are no stones of copper ore in the neighborhood of Javkhlant MountainThey might bring the stones from everywhere or from Oyu Tolgoi located at over 20kmWe also would like to say that we have specially mentioned ancient mines and metallurgy production remnants revealed in this areaLater, we have discovered a casting scoop from Oyu Tolgoi and it approved our proposal.

We hereby leave one issue open: It is very interesting for us that why black, less mineralized reddish small - pieced granites and its parts and porphyries were used as a side guard and 3 - 5 cm balls during the copper ore meltingBecause we wont deny that tin, beryl, aluminum /those are in the ingredients of bronze/ are might be lines of granitesMany books mentioned that bronze is divided into groups bronze with tin / <4% Sn/, aluminum /tin free/, beryl, flint.

Finally, we have to express our gratitude to Robert MFriedland, Chairman of "Ivanhoe Mines Mongolia Inc" Company, a vise president Charles Forster, Paul Chare, John Van de Buken, JMiragolita who had made a great contribution to find such a nice petroglyph from the southern part of the country and make it familiar among peopleAlso we have to express our special thanks to MrTMunkh-bat, a senior geologist of "Ivanhoe Mines Mongolia Inc." CompanyHe has first-ly got introduced with the facts and cooperated until the edition of the creature-sAlso the authors express their gratitude to DBazargur, NBatbold, TsBolorbat, JGantulga, research workers of Institute of Archaeology, MAS for their kind co-operation in all the works from the first copy of Javkhlant Khairkhan Mountain petroglyphs until the laboratory processing of the facts and we wish them a good luck in their future research works.

You, dear readers and researchers, those who interested in the history of motherland, may send your opinions and suggestions to Institute of Archaeology, MAS.

Faithfully yours,

Authors

译后记

　　蒙古高原东起大兴安岭，西至阿尔泰山，北界为萨彦岭和雅布洛诺夫山脉，南界在阴山山脉、贺兰山一线，广义上包括今蒙古国全境，中国内蒙古、宁夏、甘肃和新疆等省、自治区的北部，俄罗斯联邦阿尔泰边疆区、阿尔泰共和国、图瓦共和国及布里亚特共和国、赤塔州（原外贝加尔边疆区）的南部地区。

　　根据自然及历史地理情况，可以将蒙古高原岩画分为九大区域：（1）阿尔泰山地区岩画；（2）蒙古戈壁及东部平原地区岩画；（3）阴山—贺兰山地区岩画；（4）杭爱山地区岩画；（5）萨彦岭—唐努山地区岩画；（6）肯特山地区岩画；（7）外贝加尔地区岩画；（8）大兴安岭地区岩画；（9）燕山北麓及西辽河流域岩画。其中，蒙古戈壁及东部平原地区包括蒙古国南部和中国的内蒙古北部地区。该区域岩画资源较为丰富，研究历史较早。20世纪中上叶，美国学者就对该区域的岩画信息有过零星记录。在蒙古国境内，岩画遗存广泛分布于南戈壁省、东戈壁省大部及中戈壁省的南部地区。该地区岩画以表现狩猎、畜牧等场景为主，除不同的简约式人形外，骑马、持弓狩猎人形也较为普遍，动物以北山羊、马、鹿形像居多，车辆、道路、印记符号等图像也有一些。值得关注的是，该地区是蒙古国境内人面像及与其有组合关系的涡纹、同心圆、凹穴及各种难辨几何图像最为集中分布的地区。其中，最具代表性的是吉布胡楞特海尔罕山和汗包格德苏木附近的部分岩画遗存。蒙古戈壁及东部平原地区岩画中红色赭会岩画极少，制作年代以青铜至早期铁器时代为主，吉布胡楞特海尔罕山等地区的部分岩画遗存有可能属于中石器时代，另有少部分岩画的年代可能晚至历史时期。内蒙古境内分布于巴彦淖尔市乌拉特后旗和乌拉特中旗的北部、包头市达茂旗、乌兰察布市四子王旗、锡林郭勒盟苏尼特左旗、阿巴嘎旗等旗县境内的岩画，包括著名的鬼谷岩画、推喇嘛庙岩画、敖伦敖包岩画、呼和朝鲁岩画等岩画点。其内容与蒙古国境内戈壁地区岩画存在密切关联，部分岩画山一直延伸至蒙古国境内，但未能得到完全考察。另外，蒙古国东部及中国内蒙古中北部的平原地区没有高山峻岭，低矮山梁也较为少见。该地区岩画遗存与其他地区相比明显减少，调查研究工作也未曾深入。但在发现的少量岩画遗存中，仍有不少具有重要研究价值的岩画。本书即是对蒙古戈壁地区重要岩画遗存——吉布胡楞特海尔罕山岩画的系统介绍。

对本书的翻译范例、表述方式有以下几点说明：

（1）原书注释采用了脚注和文内夹注的形式，译文在保留原书脚注的同时，将夹注部分改为尾注，并在脚注部分增加了一些译者注。

（2）对原著中人名、地名及文化名称的翻译采用了音译的方法，多数采用国内学界常用惯例，少数采用更贴近原音的音译词。为了便于读者参照，译者还编制了《人名、地名及文化名称中外文对照表》。其中，地名主要参照了商务印书馆出版的《新蒙汉词典》附录中《蒙古地名》《世界地名》部分及《蒙古地名译名手册》（内蒙古人民出版社）、《俄汉世界地名译名手册》（知识出版社）、《世界地名录》（中国大百科全书出版社）、《外国地名译名手册》（商务印书馆）等相关辞书；人名主要参照了《俄语姓名译名手册》（商务印书馆）、《世界姓名译名手册》（化学工业出版社）等。

（3）原著中所涉及的地质学学术用语的翻译参照了蒙古国出版的《英汉蒙地质矿业词典》（乌兰巴托，2017 年）。

（4）吉布胡楞特海尔罕山岩画内容与其他岩画相比，难辨符号较多，且作者对岩画内容的描述极其细致。为完整体现研究者对岩画的观察、解读，翻译过程中未对描述内容进行任何删减，故部分译文略显繁冗。

《吉布胡楞特海尔罕山岩画》一书由蒙古国科学院考古研究所前任所长 Д. 策文道尔吉院士、石器部主任 Я. 策仁达格瓦研究员、考古学者 Б. 贡沁苏荣，以及蒙古国著名地质学家 Д. 嘎日玛扎布先生共同完成，出版于 2004 年。

本书的前言、第一章由通格勒格、特日根巴彦尔翻译；第二章由特日根巴彦尔翻译；第三章由丹达尔、特日根巴彦尔翻译；马颖完成全书的文字校对工作；特日根巴彦尔完成全书的统稿及《人名、地名及文化名称中外文对照表》的编制工作；最后由丛书主编王晓琨教授对全书进行通读、校对。

感谢本书的主编——中国人民大学考古文博系的王晓琨教授给予我们翻译此书的契机；在书稿的翻译和《人名、地名及文化名称中外文对照表》的编制过程中得到我的挚友——内蒙古博物院副研究馆员萨仁毕力格先生的鼎力相助；广西民族大学民族研究中心副研究馆员肖波、吉林大学考古学院教师权乾坤、蒙古国国立大学人类学与考古学系教师 Ч. 阿穆尔毕力格、Д. 索多诺姆扎木苏以及内蒙古博物院的同事安琪尔等，皆给与大力帮助，在此一并表示感谢。最后，还要感谢社会科学文献出版社王玉敏编辑的辛苦付出。

希望通过共同努力，此书能够得到读者的认可，译文的不当之处还请读者给予批评、指正。

特日根巴彦尔

2020 年 6 月 12 日于呼和浩特

图书在版编目（CIP）数据

吉布胡楞特海尔罕山岩画／（蒙）策文道尔吉等著；
特日根巴彦尔，通格勒格，丹达尔译 . --北京：社会科
学文献出版社，2020.6
　　书名原文：PETROGLYPHS OF JAVKHLANT KHAIRKHAN
MOUNTAIN
　　ISBN 978 - 7 - 5201 - 4545 - 9

　　Ⅰ . ①吉…　　Ⅱ . ①策…②特…③通…④丹…　　Ⅲ .
①岩画 - 研究 - 蒙古　　Ⅳ . ①K883. 119. 42

中国版本图书馆 CIP 数据核字（2019）第 048539 号

吉布胡楞特海尔罕山岩画

著　　　者／〔蒙古国〕Д. 策文道尔吉　　〔蒙古国〕Я. 策仁达格瓦 等
译　　　者／特日根巴彦尔 等
校　　　者／马　颖

出 版 人／谢寿光
责任编辑／赵怀英　王玉敏

出　　　版／社会科学文献出版社·联合出版中心（010）59367151
　　　　　　地址：北京市北三环中路甲 29 号院华龙大厦　邮编：100029
　　　　　　网址：www. ssap. com. cn
发　　　行／市场营销中心（010）59367081　59367083
印　　　装／三河市尚艺印装有限公司

规　　　格／开　本：787mm×1092mm　1/16
　　　　　　印　张：15.5　字　数：260 千字
版　　　次／2020 年 6 月第 1 版　2020 年 6 月第 1 次印刷
书　　　号／ISBN 978 - 7 - 5201 - 4545 - 9
著作权合同
登 记 号／图字 01 - 2019 - 2683 号
定　　　价／99.00 元